# 錢湯打工仔日記

一位台灣女子在東京錢湯打工的真實日常

下町貴族——著

# 推薦序／漸漸消失的下町風景

文／三文字昌也
東京大學大學院工學系研究科都市デザイン研究室
一般社團法人せんとうとまち理事
合同會社流動商店代表

二〇二一年，在東京維修稻荷湯長屋的工程上，我聽「錢湯宅」朋友說：「欸你知道嗎，聽說東京台東區的某一個澡堂裡有一位台灣小姐打工，你認識嗎？」那個時候我還不認識那位在錢湯打工的台灣人，只覺得，因為東京的錢湯是城市裡最local的地方之一，錢湯老闆們應該都不懂外語，在那種環境裡，身為一位外國人來打工，真不容易。

我忘記了具體什麼時候第一次見到她，可是我還記得她帶給我的第一印象很強烈。我從來沒見過這麼熱愛錢湯的人，也從來沒見過這麼熟悉錢湯內外的各種事情的人。那位就是從台灣來的「下町貴族」小姐。

她在這本書裡寫出東京錢湯各種各樣的歷史、文化、現狀——那也是漸漸地消失的東京「下町」的風景。她用她的觀點來分析這些文化的內情，我作為日本人，讀起來也很有趣。

說到錢湯（澡堂）的歷史，很少人知道，其實台灣的歷史裡面，也曾經有過城市裡公共澡堂。我曾有到台灣留學的經驗，現在是一名研究員，對台灣公共澡堂等生活城市設施的歷史進行研究。日治時代台灣有了私營日式澡堂（當時日語稱「湯屋」），一開始都是日本人經營的，後來台灣人也開始了做澡堂生意。興盛時期臺北市擁有三十家以上日式「湯屋」。日治時代後半，為了台灣居民普及洗浴文化和衛生觀念，當時的總督府也開始設置公營的「公共浴場」，包括北投溫泉等溫泉地。一九四五年台灣光復後，那些私營和公營的日式澡堂（後來被稱「台式澡堂」），還有具備廣大按摩房的「上海式澡堂」被帶到台灣各城市，提供台灣居民們日本和大陸式服務。現代，這兩種澡堂已從台灣城市裡消失了，只剩台北市還留著幾家三溫暖。這樣，我們能從台灣澡堂歷史中發現台灣許多文化背景。我相信，錢湯（澡堂）是最正確能反映出城市裡生活文化的設施，而且那些設施不只在日本，也在台灣或其他國家。下町貴族小姐也是「歷史系畢業的孩子」，所以她跟我比較談得來（她是嘉義人，聽說她家族還記得嘉義文化路和延平街的路口有過一家澡堂）。她身為台灣人通過這本書表述日本錢湯文化，成功地打造一種城市文化的交叉點，我相信這些觀點上，很有價值。

我很高興很多台灣朋友們喜歡錢湯文化，還希望更多台灣朋友過來日本，體驗日本錢湯，想像各地的城市文化和歷史。

# 推薦序／日本社會史的縮影與庶民日常

文／林齊晧 《udn global轉角國際》主編

看似平凡的錢湯澡堂，其實是一部日本社會史的縮影。溯其源流，在西元八世紀日本的平安時代，京都已經出現付費使用的公共浴場，佛寺中也有設置「浴堂」，供困苦百姓洗浴身心，又有宣傳佛教淨身的宗教功能。中世的鎌倉時代及後來的室町時代，平民可以使用的浴場越來越多；不過錢湯普遍在庶民生活流行的關鍵年代或許是江戶時期，隨著都市化的生活型態改變及技術改良，錢湯成為一種「江戶風情」。

洗澡這樣一件看似平常的事情，在歷史的發展中卻突顯了人們的衛生觀、身體觀發生變化，配合時代生活環境的條件，才能逐漸變成日常習慣。

彼時的江戶大眾，雖然已懂得要洗浴清潔身體保持衛生，但不像現今家家戶戶都還有一套衛浴設備；家內有風呂可用的，相對常見於身分地位較高的武家、或是財力雄厚的豪商。就算平民百姓莫名發大財，想在自宅中蓋浴室來享受，在江戶也是窒礙難行——考量到火災案件實在太多，要是人人都在家中用火燒柴熱水，那不知道要重演幾次明曆大火的都市災難，是故人們不能隨意在家中裝設浴室，想好好洗澡還是得往錢湯跑。

江戶人讀書有《論語》、《孟子》，但其實也沒那麼遵循男女授受不親，至少在錢湯，男女混浴時有所見。在浮世繪作品中，可以見到一些描繪當時浴場百態的圖像，例如葛飾北齋的《北斎漫画　十二編》中，有一小幅男女老幼混浴的黑白圖畫；或是豐原國周的畫作《肌競花の勝婦湯》，用豐富的色彩呈現江戶錢湯混浴的風情，也暗示了隱藏其中的春色。

但江戶的混浴並不占多數，很多時候也是浴場經營者節省管理成本的辦法（不用分男女湯、一個浴池搞定），不過演變成情慾場所仍是有違風紀，後來還被明令禁止。步入現代化的明治時期，都市裡的混浴情形幾乎消失；隨著時代變遷，人們更加重視性別與身體隱私，戰後一些鄉村地方的溫泉館，也要順應觀光客的需求，出資改建成男女湯。

錢湯的黃金年代，被認為是戰後復興的一九六〇年代期間（昭和三十五年至四十四年），構成大眾記憶裡「庶民日常」的錢湯印象。然而進入平成年代，過去處處有錢湯的盛況不再，加上家庭衛浴設備普及化，生活習慣已不可同日而語。日本國民漫畫《櫻桃小丸子》呈現的在家泡澡、偶爾去錢湯的日常，也能映照出這個社會變遷。

本書雖然名為《錢湯打工仔日記》，但作者下町貴族受過歷史學薰陶的細膩眼光，總是能從看似平常的澡堂，找到蘊含其中的歷史人文脈絡，有從打工仔微觀的錢湯生態觀察，也有宏觀的時代社會精神，在這個既日常、又非日常的空間裡，見證錢湯在日本的盛衰榮枯。

# 推薦序／日本庶民的交誼廳——錢湯

文／陳威臣
媒體駐日特派員

會認識下町貴族，算是一個相當特別的緣分吧，我們一開始其實是「網友」，二〇一七年已開始幫國內媒體撰稿的我，有一位臉書粉絲經常留言互動，而且內容還相當「專業」。

這讓我開始懷疑這位粉絲該不會也是旅日的「同業」，沒想到就因此結緣成為好友，還經常相約「出草」獵鏡頭，互相交換日本文化的相關資訊，但更讓我驚訝的是這位小姐居然在錢湯打工！

「錢湯」對我來說，其實並不陌生，從小看日劇錄影帶以及「小叮噹」動畫（哆啦A夢，但我這年紀還是比較習慣叫小叮噹）時，經常可以看到鏡頭裡的日本人進錢湯的畫面。

然而自己真正踏進錢湯，卻已經是二十七歲的我在京都的初體驗。從小生活在日式家族當中，溫泉泡湯的經驗其實並不少，當兵時也曾待過老舊的營區，大部隊洗澡更是家常便飯，這些過往加上對於日本的嚮往，訪日時泡溫泉也偶爾會想要泡錢湯。

還記得第一次踏進錢湯，雖然是比較新式的大澡堂，但真的有富士山壁畫，這也讓我有著濃濃的既視感，更有種融入日本人生活的體驗，來日生活之後家附近有數家錢湯，便偶爾會去泡湯解放，享受那小小的幸福感。

其實錢湯不只是錢湯，經常會在這裡遇到街坊鄰居，打招呼閒聊幾句，有時坐在番台上的老闆還會參與。這濃濃人情所呈現的，是最美的下町風情，也讓錢湯成為日本庶民的交誼廳。

下町貴族能夠成為錢湯的一分子，著實花了相當多的心力，從一位錢湯的常客，成為錢湯的工作者，這是非常不容易的事情。而下町貴族將她在錢湯打工的經歷，轉化為文字呈現，並且帶入了錢湯的歷史緣由，以及東京的錢湯巡禮，還貼心地告訴讀者使用錢湯的注意事項，可說是非常完整的錢湯指導。

不同的歷史發展與風俗習慣，造就了一個民族的自身文化以及認同感，錢湯可說是日本人的下町文化極致展現，近年來也陸續有許多外國朋友對錢湯有濃厚的興趣，雖說都市發展而導致傳統錢湯陸續消失，但也因日本文化在國際上受到極高的關注，錢湯開始成為外國觀光客試圖探索的標的。

只是錢湯有相當多的規矩，不諳此道者往往被拒於門外，但看了《錢湯打工日記》一書，即可安心地踏進錢湯，體會真正的日本下町文化，對於好奇異文化的朋友們，或許是永難忘懷的經驗吧！

推薦序／

# 走進街道上的浴室　用錢湯感受「家」的溫度

文／陳頤華
日本文化誌《秋刀魚》總編輯

我常笑說，沒有什麼事情，是無法用泡一回錢湯解決的。

記得第一次走進錢湯，內心還有些忐忑。對於不習慣「赤裸」的臺灣人，要在日本學習全裸入浴，褪去的不只是衣服，還有對泡湯文化不熟悉的害羞感。但對日本文化有著高度探險決心的我，決定勇闖東京巷弄裡的小錢湯，這一試，就成了主顧。或許是獨自一人的自在感，也可能因為錢湯裡都是在地歐巴桑，所謂「共浴」帶來的不安，在錢湯的高溫下昇華為舒壓的微小分子，「啊～這就是人生最幸福的時刻了吧。」比起奢華的高級溫泉旅館，錢湯的自由與親民，讓人一週要泡上三、五次都不成問題。於是，那些工作上的煩惱、人生中的困擾、戀愛裡的麻煩事，都可以在錢湯的溫暖懷抱中，隨著熱氣蒸發，透過大煙囪揮發出去，當走出錢湯後，又是一個全新的自己。

這樣的魅力，非得要自己親身體驗才能感受到錢湯的迷人之處。每次出差日本回到台灣後，比起美食，更想念無法搬移回台的泡湯行程。直到我在「下町貴族」臉書粉專中看到了「錢湯打工仔日記」的連載後，彷彿獲得了救贖，除了能透過照片探訪日本各地錢湯外，更能跟著下町貴族的雙眼進入錢湯不為人知的世界，用雙手清掃著浴池，用雙腳走進許多百年老錢湯記錄時光在此留下的沐浴痕跡。無論春夏秋冬的短袖短褲，下町貴族帶領著我們，一步步成為「裡錢湯」的「真信徒」。

多數在午後開業，並一路營業到深夜，錢湯對於勞累一天的日本人來說相當方便。天黑之後，還能看見上班族或是附近居民手裡捧著臉盆與盥洗用具，伴隨悠閒的腳步走向錢湯，單手掀開印有「湯」字樣的暖簾，準備以熱水褪去一身的疲勞。因為下町貴族的「錢湯打工仔日記」，我們得以走進櫃檯、刷起浴室，在所謂百姓「交流場所」的錢湯中，感受真實呈現彼此，學習在庶民文化的極致精神中，體驗浴場禮儀、感受特別藥浴帶來的療效，以及欣賞一幅宛如藝術品的壁畫。

《錢湯打工仔日記》就像是我曾經看過阿部寬在電影《羅馬浴場》中奮力而起的有趣的畫面；也像戶次重幸在日劇《白天的錢湯酒》中，當個愛蹺班泡錢湯的上班族，盡情享受錢湯揮汗後的舒坦。但不同的是，下町貴族用台灣視點記錄下富有歷史文化意涵的錢湯文化，將屬於日本人「街道上的浴室」，真正寫成「家」的親切感。

隨著世界的轉變，越來越多歇業錢湯成為歷史。那些帶有老闆個性的裝潢、依地區不同而誕生的獨特風格，難以割捨的各家錢湯容貌，都在這本打工日記中封存下來了。在澡堂面對最「真實」的自我，錢湯與家的距離，仍是如此地緊密，還好有下町貴族，讓我們能泡上一回，屬於台日溫情間的人情錢湯。

# 目次／

# 那天，我走進了錢湯……

女湯
こちら側は開きません

# 打工仔與錢湯的相遇

人生中第一次的日本錢湯體驗是在鳥取。當時與同為留學生的友人來到鳥取旅行，經費有限的我們，回東京的方法選擇了省錢的夜間巴士，夜間巴士是徹夜移動，旅客就睡在車上，隔天醒來便已抵達目的地，雖然在移動的巴士上睡覺不是那麼舒適，但省下了可觀旅館費與昂貴的新幹線、電車交通費。

因為要在巴士上度過一個晚上，同行友人在上車前安排了「錢湯」，畢竟我們最後一個行程可是風捲沙起的鳥取砂丘，那時的全體行程完全由友人一手包辦，我只是好好跟著玩耍，所以我根本不記得錢湯的名字，只記得錢湯裡人很多、水很燙。

而在我來到日本前，我其實無法接受與他人共浴。

還記得高中時，班上有兩位要好的女同學說她們可以一起洗澡，當時的班導接著說：「那妳們是非常好的朋友呢，因為只有非常要好才有可能脫光一起洗澡啊。」

當時我很難想像與其他人一起洗澡，畢竟我連跟我媽一起泡溫泉都會覺得不自在。記得那是在北海道的溫泉飯店，除非你額外付費包下「貸切」個人溫泉，不然就是得去與其他房客一起使用的大眾池。高中時期對身體隱私的自我意識已很高，所以當與媽媽一起走進大浴室時，我僵硬地遮東遮西，結果換來媽媽小抱怨我在害羞什麼，但我當下真的只想逃得遠遠的，避免與媽媽在同一池泡溫泉。

原先我以為，因為媽媽、朋友都是日後還會碰面的人，不像其他人只是過客，泡完這一次，今生極大可能不再相見，但這個想法在我來到日本後，面臨了挑戰。

二〇一五年，我拿著留學簽來到日本，為期一年的留學生活，不是自己租屋，而是選擇了稱為「寮」的學生宿舍。宿舍裡有兩種衛浴設施，一種是單人淋浴間，但只有兩間，所以在洗澡熱門時段總是需要排隊等待；另一種則是大浴室，可以多人同時梳洗，還有一個可容納四至五人同時浸入的浴池，基本上完全不用排隊。

而很有趣的，會去大浴室的九成以上都是日本人，排個人衛浴的幾乎都是其他國籍的學生。原先我也是抱著臉盆、沐浴乳、毛巾排隊等待個人淋浴巾的其中一員，後來在某一位台灣學生的推薦下，我試著踏入了大浴室，從此之後我不再抱著臉盆排隊乾等，而是大搖大擺地走向大浴室，除非我真的太晚洗澡，大浴室早已打烊。

一開始我其實很擔心在浴室遇到熟識的人，畢竟脫光光被看光實在害羞，加上對身材也沒有自信，但實際遇到後，發現我們只是自在地邊洗澡邊聊天，上下打量什麼的根本沒有，因為彼此都是女生，妳有的她也有。

不知不覺中，我甚至會高興，能在大浴場遇見認識的人，一邊洗澡一邊聊天的感覺，跟穿著衣服時總有些不同，心房好像跟身體一樣，更加坦蕩赤裸。因為是很要好的朋友才能一起洗澡嗎？我想是相反，是因為能一起洗澡才能成為朋友的吧。

擁有大浴場的生活隨著畢業搬離寮而結束，後來與男友（現在的先生）一同在外租屋，日本的房子通常都會附設浴缸，但那尺寸跟寮的大浴池完全不能比，熱度也隨著時間逐漸將冰涼，於是有一天，男友提議一起去錢湯。

那是離家走路不用一分鐘的錢湯，擁有比寮的浴室還大上好幾倍的浴場與盥洗空間，還有多個溫度各異的浴池，而且熱水恆溫絕對不會變涼！

這是我在東京第一次的錢湯體驗，也是從這一刻開始，我正式成為錢湯的忠實信徒，踏入錢湯的世界，開啟了多采多姿的錢湯生活。

第一次的錢湯體驗是被同學帶著，只記得水超燙。

# 正式成為錢湯打工仔／

成為錢湯打工仔其實很誤打誤撞。

自從知道離家不到一分鐘路程有錢湯後，我三天兩頭便往錢湯去，也曾一週七天天天泡錢湯，碰到常去的錢湯休息，沒關係，再走兩分鐘去另一家就好。

我很幸運，當時居住的東京都台東區，是東京錢湯密度最高的地方（當時為二〇一六年，台東區有二十六座錢湯，二十五座錢湯正常營業，一座休息，截至二〇二三年四月，剩下二十一座，其中兩座休息），有十座距離我家只有約十分鐘步行距離，今天要去哪座錢湯？成為我最奢侈的煩惱。

離家最近，我最常去的錢湯叫做「堤柳泉」，意思就是位於堤防柳樹旁的泉水，不同於一般錢湯多以〇〇湯為名，從所在地的地名「日本堤」，與旁邊吉原（對，就是那個大名鼎鼎的遊郭吉原）知名地標「見返之柳」（見返り柳）中各取一字，成為名字「堤柳泉」，是東京少見，個人覺得很美的錢湯名。

堤柳泉的店主姓「梅澤」，私底下我都稱他作「阿梅」，是個熱愛跑步，離五十歲只差臨門一腳的大叔，不管多晚去錢湯，他的招呼永遠是充滿精神，使用敬語卻不會令你感覺冷漠，隨著光臨的頻率變高，阿梅漸漸記得我，我們聊天的次數也逐漸增加，加上住得近，有時在附近藥妝店碰到後又是一番閒話家常。

一、兩年過去，我對錢湯的興趣不再只是洗浴，開始往錢湯的前世今生延伸，歷史系畢業的孩子，第一步從文獻資料找起，得到了錢湯文化的進化軌跡、不同地區錢湯的差異等資訊，但這些還不夠，曾經的記者魂燃起，我想知道錢湯營業的細節，在每個顧客離去、夜深人靜，錢湯人們都在忙些什麼，當然還有我個人最想知道的，每個錢湯家族的故事。

錢湯基本上都是家族世代經營，每座錢湯除了有不同的發展史，更代表了經營者的家族史，這些故事除了親自向當事人問起，沒有其他管道可以知道內容，當時的我想要做一系列錢湯家族紀錄，但光是要如何讓對方接受訪談，又不會覺得這是哪來的奇怪外國人，經過一番思考後，決定先對關係最熟的阿梅提出邀約，聽聽我熟悉的堤柳泉的故事，順便當作練習。

阿梅非常爽快地答應了我的邀請，我們約在離家不遠處的喫茶店一邊吃早餐，一邊毫無壓力的大聊特聊，聊到一個段落，阿梅突然問起我「之前的事」考慮如何？

其實在不久前，某一天泡完錢湯準備跟阿梅說再見時，他突然問我一句：要不要來我們家打工呢？

1

2

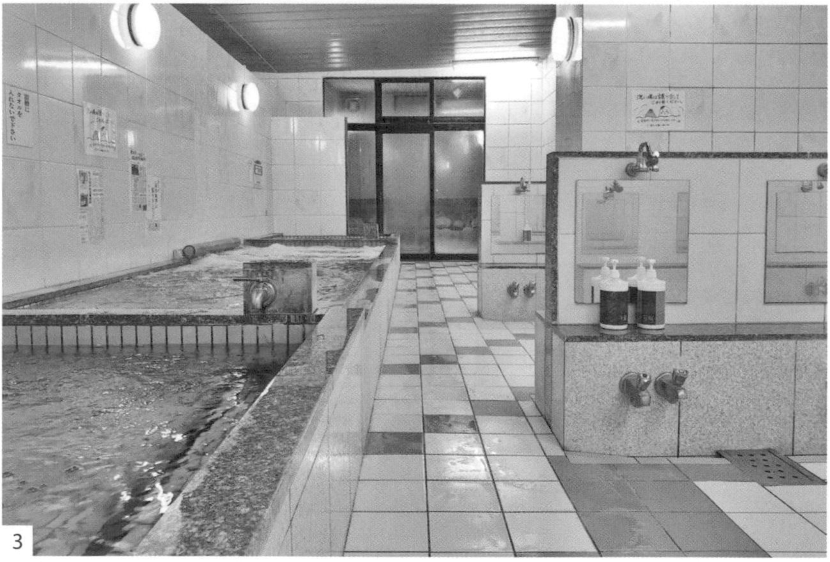

3

1、2　第一間打工的錢湯，也是影響我最深的錢湯「堤柳泉」，還有店主阿梅。
3　　打工時花最多心力清掃的提柳泉浴場。

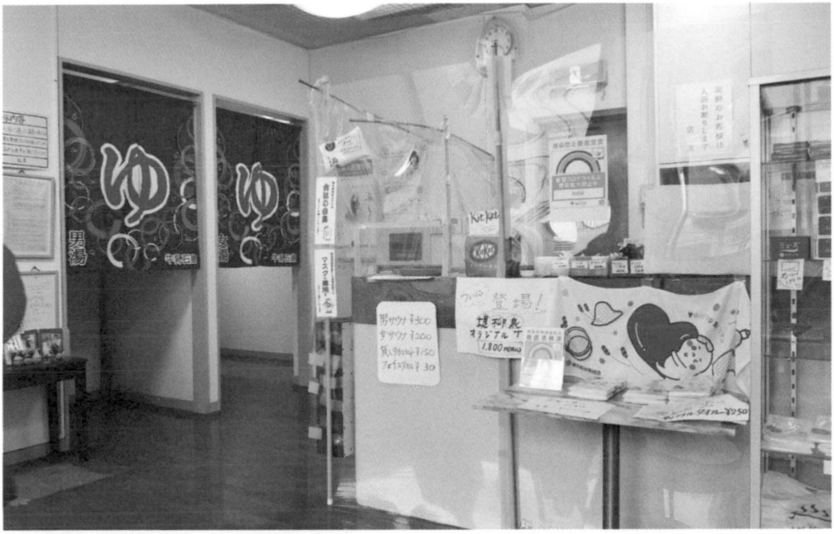

堤柳泉的櫃檯與男女湯入口，可以坐著收錢的櫃檯打工其實很輕鬆。有時還會有客人請喝牛奶。

當下我是愣住了，畢竟知道錢湯是家族企業，造訪過的錢湯也都是家族成員在負責營業大小事，所以我從來沒想過「到錢湯打工」是一個可行選項。阿梅接著說，他找打工的人找很久了，可是都找不到適合的人，因為想找的是櫃檯職務，這個位子會經手錢，所以要找可以信賴的對象。

我問他為什麼不貼個徵人啟事？阿梅回答，貼在錢湯，會看到的就是來洗澡的客人，有些人雖然是熟客，但不表示可以信任，如果剛好來應徵的人是覺得不適合的人，拒絕他之後，可能這個人再也不會來店裡了。阿梅繼續說，他觀察了我一段時間，覺得我的個性適合，雖然不是日本人但溝通沒問題，重點是還很喜歡錢湯！所以才下定決心開口詢問我。

我當下並沒有立刻回答阿梅。除了又驚又喜外，當時的我正因為新冠疫情肺炎關係，長期待在家中，不知何時會重返工作崗位，加上我對自己是否能好好接待日本客人缺乏信心，這些人又是在地熟客，如果砸了阿梅家的招牌怎麼辦？於是我把男友搬出來，說需要跟他好好討論一下，阿梅笑笑說著：「當然當然，一定要跟他說才行啊。」

一、兩個禮拜後，面對阿梅同樣的問題，這次的我爽快地說聲「好」，因為對正在研究錢湯文化的我來說，這是天大的好機會，我能夠親自踏入業界，從內部認識一座錢湯、整個產業，所接觸到的，是真真正正的錢湯家族，是活生生的資料寶庫，那些在書上、新聞上找不到的細節，眼前的人都能直接告訴我，這是多麼幸運的一件事！至於日語溝通一事，既然阿梅都覺得我行，那就沒有不行的道理了吧。

後來除了當櫃台，我還自告奮勇地表示想要「打掃錢湯」，因為我想知道結束營業後的錢湯，到底是什麼模樣，也希望能把這帶給我幸福感的地方整理乾淨，結果阿梅超開心，因為他最需要的其實是打掃人力。於是在二〇二〇年七月，我正式走入堤柳泉，做起櫃檯、掃起錢湯，展開我為期一年多的錢湯打工仔生活。

# 錢湯打工仔日記

# 一百個錢湯，就像一百個哈姆雷特

## 圖解・如何泡錢湯

在正式進入錢湯世界前，我們先來了解「如何泡錢湯」。

錢湯的基本構造是分作對稱的左右空間，男女各一邊，空間內部分為兩部分：脫衣場與浴室，脫衣場同時也兼作休息區，規模較大，重新整修過的錢湯才會有另外隔出來的休息區。

## 1. 入場

進入錢湯要先脫鞋，將鞋子放進入口外的鞋櫃，上鎖後將鑰匙帶走保管。

## 2. 付費

錢湯是現金付費，多數是直接到櫃檯掏出現金，有些錢湯會設置售票機，就像在日本吃拉麵一樣，選擇你要的服務，純洗澡，還是加個三溫暖（サウナ）？是否需要租借毛巾，或加購牙刷、刮鬍刀等配件？

日本的錢湯絕大部分都可以兩手空空地進去泡澡，日文稱作「手ぶら」，什麼都不用準備，

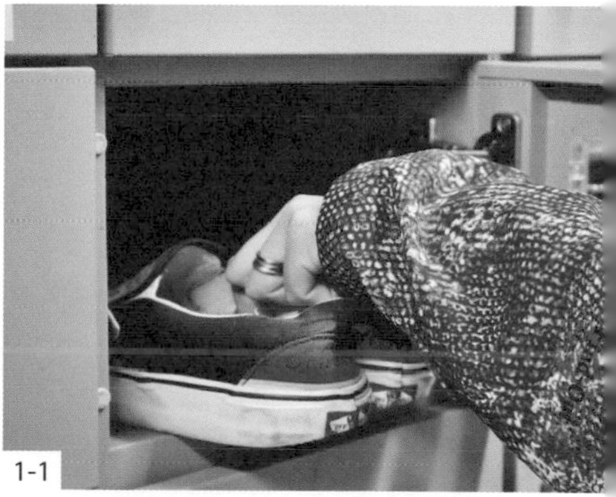

1-1

1-2

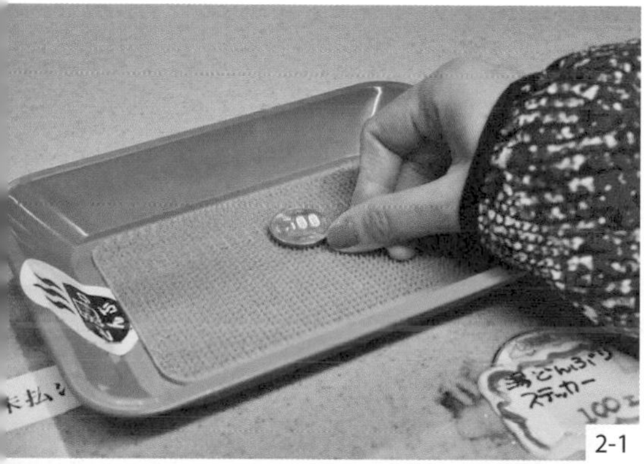

2-1

2-2

3-1

毛巾、沐浴用品等必需品錢湯通通都有，只是依店家不同，有些是用出借的方式，有些則需購買。當然你也可以攜帶自己的沐浴用品前往，就像每位常客都有自己的泡湯組合一樣。

## 3. 置物脫衣

付完費，男女從此正式各分一邊，分別前往男湯、女湯脫衣場。

脫衣場設置有可上鎖置物櫃，大部分都是免費使用，有些可能會需要投幣，之後會退還（通常需要投幣的會是男湯區），置物櫃鑰匙會有一圈繩環，將繩環套上手腕，隨身攜帶鑰匙。

3-3

3-2

有些年代較久的錢湯僅有非上鎖置物格，或是提供脫衣籃，這時旁邊可能會有貴重物品置物櫃可使用，若是沒有且不放心的話，可以將它們交給櫃檯人員保管。

不管是哪一種置物櫃，尺寸大小約是可放入個人全身衣物，與一個普通後背包的空間，若是有大件行李如行李箱，店家可能會拒絕讓你帶入脫衣場（擔心滾輪髒汙），或是要求你提著進入放在置物櫃最上方。

接下來，在脫衣場把自己扒光，一絲不掛地進入浴室。日本錢湯泡的是完完全全的裸湯，不許肉體與置物櫃鑰匙以外的東西進入浴池，包括毛巾，唯一有可能被特別允許的，是身上有因故留下的疤痕，這時可以穿特定的服裝進入，但是能這樣的錢湯非常少。

## 4. 清洗身體

進入浴室，在入口旁會有椅子與臉盆，拿起一個椅子與臉盆，選一個喜歡的位子，稍微用水清洗椅子後坐下。每個位子會有一面鏡子、一個蓮蓬頭、兩個水龍頭，水龍頭分為冷水與熱水，是按壓式，以臉盆承裝水自行調整喜歡的溫度，也能直接使用蓮蓬頭。

將身體以沐浴乳洗淨，並澈底沖掉身上泡沫後才能進入浴池。

4-1

4-2

5-1

5-2

## 5. 泡澡

洗淨身體，確認身上沒有殘留泡沫後才能泡入浴池，頸部以上不可浸入水中。浴池數量依錢湯不同而不一樣，通常會有兩到三個，水溫各異，選擇喜歡的溫度，好好享受幸福的泡湯時光吧。

## 6. 三溫暖

有些錢湯設有三溫暖室，通常需額外付費才能使用，要在入場付費時一次付清。許多人從三溫暖出來後，會立刻跳入冷水池降溫，可謂冰火九重天，相當刺激，不習慣的人千萬不要勉強自己。

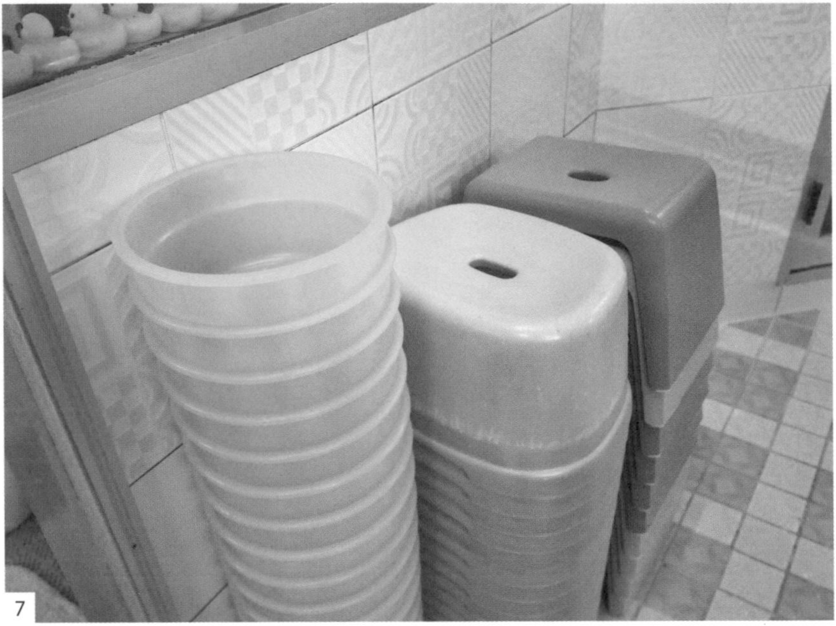
7

## 7. 離開浴室

清洗完畢，享受完浴池，離開浴室前記得將所有垃圾丟入垃圾桶（如浴帽、塑膠袋等），並將椅子與臉盆簡單沖洗一遍後，放回原來位置，方便下一個人使用。

踏出浴室，進入脫衣場前，會有一塊區域讓你好好在此擦乾身體，千萬不要渾身溼漉漉地踏入脫衣場，將地板弄得溼答答，除了會遭人白眼，更有滑倒的危險性喔。

9

## 8. 休息、補充水分

可以在脫衣場稍微休息，穿好衣服，確認沒有遺留物品後，就能離開，泡完熱湯或三溫暖會大量出汗，記得多補充水分，當然也別忘了來一瓶咖啡牛奶！

## 9. 建議攜帶物品

基本上能不帶就什麼都不要帶，任何洗澡需要用到的東西錢湯都會有，除非有非用不可的沐浴用品，另外錢湯租借用的毛巾都是重複清洗、使用，如果會介意，可以帶自己的毛巾，不用太大，小條的洗臉毛巾即可。

## 10. 注意事項、禁止事項

- 脫衣場、浴室絕對禁止使用手機，包含通話、查看訊息、拍照，即使現場只有自己一個人，要拍照也需要獲得店家許可才行。
- 東京大多數錢湯允許刺青客進入，若不放心，可以事先在網路上搜尋確認，或在付費前向店家詢問。
- 浴室禁止洗衣、染髮。
- 浴室地板溼滑，禁止跑跳追趕，以免發生意外。
- 泡湯前請勿飲酒，喝酒後請勿泡湯，避免發生任何意外。
- 泡澡時請隨時注意自身狀況，避免泡太久而頭暈，進出浴池動作盡可能放慢。
- 鞋櫃、置物櫃鑰匙請小心保管，雖然不太可能不見，但若遺失，平均需要賠償三〇〇〇～五〇〇〇日幣左右。

## 打工仔的錢湯

我總共在兩家錢湯當打工仔，一家是阿梅家的「堤柳泉」，另一家則是小松家的「湯どんぶり榮湯」。

阿梅家經營的「堤柳泉」是大樓型錢湯（ビル型銭湯），昭和後期，許多傳統宮造式老舊錢湯重新翻修，改建成為大樓型錢湯，將過去單層、獨棟的建物向上改建成好幾層樓的大樓，留下最低樓層空間繼續作為錢湯經營，其他空間則自住或作為出租。對店家來說，可利用的空間與收入增加；對客人來說，錢湯變得新穎明亮，雙贏局面，成為當時錢湯的流行風潮。所以在東京，若是看到大樓型錢湯請不要覺得它很新，人家極有可能是歷經三代、超過七十年的老錢湯。

阿梅家也趕上了這波改建風，只不過改建後的錢湯位於二樓，阿梅爸這個決定讓阿梅到現在都覺得是敗筆，「因為沒有電梯，年紀大的長者爬上爬下很不方便啊。」阿梅真的很為客人著想。

大樓型錢湯與傳統錢湯的最大不同，除了外觀外，就是少了「番台」。「番台」是錢湯傳統櫃檯的稱呼，位於錢湯內部正中間，傳統錢湯入店時便分作男女兩個入口，一進去就是脫衣場，入口旁就是番台，將錢交給「番頭」（番台負責人），就能脫衣洗澡去。

番台背對入口，面向脫衣場與浴室，大致上需要爬四、五個階梯才坐上位置（順帶一提，番台高度以東京最高，平均可達一・三公尺）。坐在高處，是為了觀察整體錢湯與客人的一舉一動，由於男女兩邊一絲不掛的狀態都會看得清清楚楚，通常坐在番台上的都會是女性，不得已需要男性顧店時，有些店家會顧及女性心情，將女湯方向加裝暖簾等遮蔽物。

對打工仔來說意義非凡的兩家錢湯：堤柳泉與湯どんぶり榮湯。

大樓型錢湯的櫃檯位於浴室外，不會在居高臨下，而是與客人同樣高度，這樣的櫃檯日文稱作「フロント」。由於傳統番台需要爬上爬下，對長者很吃力，所以許多錢湯即使沒有整體改建，也會選擇將番台改作面向入口的樣式，擁有番台的錢湯其實越來越少了。

離阿梅家走路約三分鐘，就來到小松家的「湯どんぶり榮湯」，住得極近的兩家是世

交，畢竟同樣為錢湯界的一員。小松家的姓氏是「梅田」，但為避免與阿梅搞混，我都以小松家稱呼，因為前代的名字中有個「松」字，現在負責經營的則是第三代長男與媽媽，媽媽就是社長婆婆，長男就是小松。

小松家的打工機會是我自己去應徵的，因為剛好看到他們的招募消息，離家裡又很近，只不過一開始小松太太擔心阿梅會不開心，也怕會有同業競爭問題，說必須開個家庭會議討論，其實我在應徵前就有先跟阿梅報備，阿梅超大方，他說：「妳這麼喜歡錢湯，當然就去，我完全沒問題！多去賺！（笑）」結果小松與社長婆婆也完全不在意，於是我便成為兩間錢湯的打工仔。

過去錢湯的櫃檯「番台」，現在已越來越少見，圖為東京都北區的「瀧野川稻荷湯」。

# 錢湯是一種文化

## 錢湯 vs. 超級錢湯 vs. 三溫暖

日本最常見的公共浴場有兩種，一種叫錢湯，一種是超級錢湯。

前者「錢湯」指的是傳統錢湯，創業大多超過半世紀，服務項目以清洗身體、泡澡為主，偶爾會有三溫暖，阿梅家與小松家皆為創業超過七十年的錢湯，雖然都是改建過的大樓型錢湯，但依舊分類為傳統錢湯。

後者「超級錢湯」（スーパー銭湯），是娛樂型取向的大型錢湯，所謂娛樂型，指的是除了浴池、三溫暖之外，還有提供餐飲、遊樂區、按摩、廣大休息室，甚至住宿空間的大型公共浴場。這類超級錢湯在昭和五〇年代（一九八〇年代）左右開始出現，觀光客熟知的「大江戶溫泉物語」就屬於此類，另外還有一種被稱為「健康天地」（健康ランド）浴場設施，但現在數量較少，且與超級錢湯分界模糊，通常被分類為超級錢湯。

由於附加設施多元，還提供毛巾、沐浴用品，與在設施內穿著的輕鬆服飾，可以自在待在裡面一整天，超級錢湯收費當然高於傳統錢湯，在東京、大阪等熱鬧城市，平均單次入場費用一五〇〇日幣起跳，除了浴室以外的消費項目需另外付費，統一在離開時結算。

傳統錢湯雖然只能洗澡泡湯，但是單次費用較低，費用由各地區的錢湯公會決定，只要有加入錢湯公會，就必須遵照規定（基本上九成以上的錢湯都會加入公會），而日本各地的錢湯費用有所不同，現在全日本錢湯單次入浴最高價為東京都的五二〇日幣（二〇二三年七月一日起），其次為五〇〇日幣，神奈川、愛知、岐阜都是這個價格。超級錢湯的收費則由店家各自決定。

基本上會來傳統錢湯的，要的只是好好洗個澡，其他那些附加娛樂都是多餘，但不得不承認，超級錢湯的出現瓜分了許多錢湯的客源，尤其是年輕群眾，他們或許會相約去超級錢湯，但卻可能從沒踏入過傳統錢湯。

為了維持且開拓客源，重新整修裝潢是最快速的解答，以現在的風格吸引現在的顧客，同時新增新的設施：三溫暖。

二〇一九年，以三溫暖為主題的日劇《サ道》播出後，造成三溫暖爆紅，直到現在，日本三溫暖熱潮有增無減，甚至還出現了三溫暖專門設施，以三溫暖為主，洗浴為輔。喜愛三溫暖的客群以年輕人居多，看到這點的錢湯業者，開始追加三溫暖設施，原本就有三

上、中：
傳統錢湯。上為典型的獨棟宮造式錢湯（東京都台東區「三筋湯」），中為改建後的大樓型錢湯（東京都墨田區「電氣湯」）。

下：
傳統錢湯構造、服務都簡單，脫衣場、浴室讓你好好脫衣、好好洗澡。圖為秋田縣能代市的「巴湯」（已結束營業）。

入浴料金
大人
12才以上
500円
(税込)
中人
6才以上
12才未満
(小学生)
200円
(税込)
小人
6才未満
(未就学児)
100円
(税込)
令和4年7月
(東京都知事告示料金)
東京都公衆浴場業生活衛生同業組合

錢湯入浴費由各地區錢湯公會決定，圖上為東京都錢湯公會（東京度浴場組合），圖下為東京都錢湯公會的公定價格表。

溫暖的錢湯，更會升級設備，製造更多話題，如小松家在三溫暖上便投入相當多心力，是東京都內數一數二的三溫暖錢湯（雖然小松強調他也很注意泡澡水質，但我真心覺得三溫暖受重視更多）。

增設三溫暖還能提高單價，各地區的錢湯公會只管入浴費，但不管三溫暖，所以三溫暖的價錢由各店家自行決定，現在有些錢湯的三溫暖定價跟錢湯入浴費一樣。

不可否認，三溫暖的確對某些錢湯幫助很大，媒體在介紹某錢湯時也會以「超推薦的三溫暖」為主題，許多人是衝著三溫暖來，但抵達時發現三溫暖人太多或暫停使用時，立刻轉身離開，不禁令人疑惑這樣是否本末倒置？也曾有錢湯老闆跟我說：「那些有三溫暖的錢湯才不是錢湯。」

有時候我會去超級錢湯，九九%是先生想去便一起去，同樣是泡澡，甚至浴室更大、浴池更多樣化，但對我而言，超級錢湯絕對不會是我付錢泡澡的第一選擇。

對我來說，超級錢湯很匆忙，匆忙的不是泡澡，而是離開浴室來到脫衣場，衣服穿上立刻就走，因為休息區在外面，很多時候牛奶自動販賣機也在外面；但是錢湯很緩慢，你可以在脫衣場裡坐著休息，等暖烘烘的身體降溫，從小冰箱拿牛奶給老闆結帳後直接開喝（當然現在自動販賣機占多數），一面眺望著與你只有一片玻璃門之隔的浴室，當下的時間流動很慢、很慢，很舒服。

當我煩躁想靜下心時，我常常會去錢湯將自己浸入水中，聽著我熟悉的水流聲與浴室回聲，心情總能漸漸平復。

有天心情特別煩躁，但我選擇了去超級錢湯，因為我想泡露天浴池吹風，可是當我如預計地泡在露天浴池中，沒多久我就後悔了。果然我不需要露天與風，熱氣飄渺、大小剛好的浴室中才是我渴望的，再有幅壁畫會更好，不管是不是富士山，不管是油漆畫還是馬賽克磁磚。

## 溫泉不是溫泉，錢湯不是湯

曾看過一個故事，內容描述一位傳統華人大叔到日本，不懂日語的他跟店裡要了碗「湯」，但來的卻是熱水，因為彼此的漢字意思不同而鬧出不少趣事。

在日文中，喝的湯寫作「お汁」或「スープ」（soup），單一漢字「湯」指的是「熱水」，所謂熱水也分有「喝的」跟「泡的」，錢湯的「湯」字就是指「泡的熱水」，所以所謂「泡湯」指的是泡熱水澡而非溫泉喔（溫泉歸類於熱水，泡湯並非專指泡溫泉）。

日本多數錢湯的名字都是以「湯」字結尾，如大黑湯、瀧野川稻荷湯等，不過還是有例外，以「浴場」、「泉」、「礦泉」為名，如東京浴場、堤柳泉、六龍礦泉（已結束營

三溫暖設施成為許多錢湯增加營業額的新武器。

比起廣大的超級錢湯，我還是最愛傳統錢湯。

日文漢字的「湯」意思為「熱水」，通常寫作片假名的「ゆ」，所以錢湯、溫泉等公共浴池入口都會掛上寫有「ゆ」的暖簾。

業）等，還有直接取名「溫泉」（溫泉），如飛鳥山溫泉。

明明只是「熱水」，為什麼叫「溫泉」呢？其實「溫泉」兩字也可以解釋為「溫熱的水」，所以若是看見以「溫泉」為名，且位於東京、大阪、京都等地的錢湯，九八％以上都只是熱水，因為這些地區的溫泉泉源本來就少，多是使用地下水、井水，或是自來水加熱而成。

不過這些地區也有少數是真正的溫泉，如登錄有形文化財的京都「船岡溫泉」、東京錢湯公會（東京都浴場組合）會長經營的「はすぬま溫泉」，就是使用

喜樂「湯」（左上）、四日市「溫泉」（左下）、瀧野川「浴場」（右），這些都是錢湯。

溫泉的錢湯，也有寫作「湯」但是使用溫泉的錢湯，小松家「湯どんぶり榮湯」就是這樣。

阿梅家「堤柳泉」的水源其實也具備被認定為溫泉的品質，是否要去申請認定猶豫再三，因為申請、檢查、資格登錄等林林總總開銷加起來超過日幣百萬，後來終於下定決心，在二〇二三年四月取得認證資格，命名為「淺草溫泉」，堤柳泉的「泉」不再只是一般水源，而是真正的天然溫泉。

但說實話，東京、大阪、京都地區的錢湯溫泉，氣味顏色大多與一般熱水無誤，比較有感的

阿梅家的「淺草溫泉」（左）與小松家的天然溫泉（右），兩者水質、觸感完全不同，但不像台灣大眾心中的「溫泉」。

是滑溜水質，畢竟只要水中成分有達到認定標準，就可稱為「溫泉」，但成分是多是少，我想大部分人可能分不太出來。

另一方面，日常會去錢湯的人也不是那麼在意「溫泉與否」這件事，畢竟「溫泉錢湯」在這些地區是壓倒性的少數。但是！離開東京、大阪、京都地區可就不一樣了。

在青森，你若是問起當地人哪裡有錢湯？對方會回答你：往那裡走就有○○溫泉囉！跟東京、大阪與京都相反，在青森這到處擁有溫泉泉源的地方，幾乎所有錢湯、公共浴場都是提供溫泉，即使名字有個「湯」，十之八九都是「溫泉」，提供單純熱水的地方非常少，對當地人來說，用熱水的地方叫做錢湯，其餘的一律稱為「溫泉」。而那些使用熱水的錢湯，其實跟過去的阿梅家一樣，水源其實也有溫泉資格，只是沒有去作申請罷了。

青森市的出町溫泉與トド湯，兩者都是使用溫泉，但トド湯沒有申請溫泉資格。

青森之外的九州鹿兒島、熊本等地，一樣對錢湯的印象淡薄。出身鹿兒島的朋友回憶，當他剛來到東京時，看到巷內中突然出現大大的煙囪感到驚訝，因為在故鄉鹿兒島的公共浴場也是溫泉，溫度夠高，根本不需要生火加熱，當然不會有煙囪存在，高聳的煙囪是他對東京錢湯的第一印象。

高聳的煙囪也曾是東京錢湯的標的物之一。

## 關東vs.關西

現在說到錢湯，大家想到的都是東京型錢湯，但其實最早的錢湯原型是誕生於關西，關東型與關西型錢湯的差異在哪裡呢？

首先是外觀，印象中傳統錢湯要有唐破風或千鳥破風，長得像寺院的建築外貌，這是關東型錢湯的外表特色，這種稱為「宮造式」的風格出現於大正十二年（一九二三年）後，當時東京許多錢湯因關東大地震倒毀，重新建造時，有許多「宮大工」參與工事，所謂宮大工，是專門整修神社寺院的建築職人，他們將寺院建築上常見的唐破風、懸魚等運用在新建的錢湯外觀上，就連內部也製作了極需工法的格天井挑高天花板。

庶民專用的錢湯格調往上升級，進入錢湯彷彿來到新世界，因而大受好評，宮造式錢湯建築因而在戰後如雨後春筍冒出，但僅止於關東地區，關西擁有宮造式建築的錢湯都是在戰前便存在的古老錢湯，戰後才建立的幾乎沒有。

接著，入口暖簾的長度也不一樣。東京（關東）的暖簾長度短，大約可遮掩到顧客的頭部；關西則較長，幾乎可以遮住半個人，若要再細分，還能分出京都型、大阪型、北海道型，這樣的差異，讓每年牛乳石鹼在製作贈送給錢湯的新暖簾時，都要特別分開製作好幾個版本呢。

說到錢湯內部，最明顯的差異除了浴室內是油漆壁畫還是磁磚裝飾外，就是浴池的位置了。東京（關東）的浴池在浴室最內側，緊靠牆壁，離入口最遠，浴池形狀是正方形與長方形，水龍頭則是靠近入口處，靠兩側牆壁與置中整齊排列，數量偏多；關西浴池則置中或靠側邊牆，形狀有圓有方，造型不一，水龍頭則是沿著牆壁排列，數量較少。

脫衣場若是提供編織脫衣籃，關東的是圓形，關西則是長方形的「柳行李」，也不能忘了黃色臉盆「ケロリン桶」，關東版跟關西版的大小可不同呢。

洗澡方式，關東關西也有點差別。關東會先用沐浴用品清洗完身體後再進入浴池，但在關西，用臉盆勺起浴池裡熱水澆淋身體，不用沐浴用品清潔，直接泡入浴池的人占多數，這個習慣似乎嚇到了不少關東子民。不過現在的錢湯禮儀海報上，都有直接寫上「請先清潔身體再進入浴池」，相信關西人民的習慣應該也有所改變了吧。

1

2

3

4

1　擁有千鳥破風（三角形屋頂）與唐破風（弧形屋頂）的經典關東型錢湯。圖為東京都文京區「富士見湯」（已結束營業）。

2　挑高格天井天花板，將錢湯內部空間等級再度拉高。圖為東京都足立區「大黑湯」（已結束營業），這裡的天花板每格都畫有不同圖案，是少見的華麗格天井。

3、4　關西型暖簾與關東型暖簾的差異在「長度」。

1 關西型浴室配置。
2 關東型浴室配置。
3 關西的長方形「柳行李」。
4 關東區提供的圓形編織籃。

# 錢湯裡的物

## 錢湯是發大財的好地方

昭和時期是錢湯最興盛的年代，在昭和四十年（一九六五年）全日本錢湯數約有兩萬多座，而在全國之中，東京是錢湯數最多的地方，錢湯遍布大街小巷，密度可比現在的便利超商。昭和時代的熱水不再依賴柴燒，有了煤油、瓦斯、電力等多樣選擇，但是家用衛浴尚未完全普及至各個家庭，所以錢湯依舊是許多男女老幼每天報到的地方，人流就是錢流，人潮眾多的錢湯，不僅本身就是一門好生意，也是其他業者發大財的好地方。這些發大財的「物」，包括了浴室裡牆上的富士山、浴室中的黃色臉盆ケロリン桶，還有那必喝的玻璃瓶牛奶。

## 錢湯裡的富士山

水氣、煙霧瀰漫的浴室中浮現一座富士山，這是很多媒體在講到錢湯時，常常會引用的畫面，但是嚴格說起來，這是「東京型」的錢湯才有的特色。

這些出現在錢湯浴室牆上的畫原先稱為「背景畫」，後來稱作「油漆畫」（ペンキ絵）。「ペンキ」是油漆，畫作都是以油漆繪制，看似多彩繽紛，其實是只有使用紅、黃、藍、白四色，依需求交互混色而成。由於錢湯裡的油漆畫令人印象深刻，現在說到油漆畫，大多是指「錢湯壁畫」。

在錢湯牆壁作畫一事發源於大正元年（一九一二年），地點是曾存在於東京都千代田區，現已消失的「キカイ湯」。當時作畫的繪師川越廣四郎出身靜岡縣，因此選擇了故鄉的富士山為題，成為錢湯富士山壁畫的濫觴。

但其實不是每座錢湯都有富士山，也不是每個地方都會畫富士山。富士山

位於東京都千代田區，錢湯油漆畫起源「キカイ湯」的簡介看板。

錢湯裡的富士山景色都是憑空想像，不是實際存在（東京都墨田區「電氣湯）。

不可能的景色：京都天橋立＋關東富士山（京都府舞鶴市「若の湯」）。

馬賽克磁磚拼貼以關西為主，關東為少數，當然內容也是不存在現實中的景色。（左：東京都大田區「改正湯」。右：東京都品川區「吹上湯」。）

壁畫主要存在於可以看見富士山的關東區，又以東京最為密集；越往關西走，富士山壁畫數量便隨著富士山的能見度遞減，就連「油漆壁畫」本身也漸漸消失，取而代之的是以彩繪磁磚與小型馬賽克磁磚拼貼而成的圖樣。當然也有什麼都沒有，僅僅是一面空白牆面的地方。

而那些我們看見的富士山，絕大部分都不是真實存在的景色，正常來說，下雪白頭富士山出現於冬季，所以山前的樹林照理來說不會是綠色，也不會有那麼多各式各樣的湖泊看得見富士山，之所以如此，是因為作畫題目都是由繪製的人說了算，所以畫山畫海畫小島，一切全憑想像、自由發揮。

目前我看過最有趣的組合，就是日本三大景一的京都「天橋立」，背後有著一座富士山，這幅壁畫出自於錢湯繪師「中島盛夫」之手，而且中島盛夫在繪製前完全沒見過天橋立本尊。

## 錢湯中顯眼的存在：「ケロリン桶」

錢湯可能沒有富士山壁畫，但有兩樣東西不會缺席，一個是玻璃瓶牛奶，另一個則是「ケロリン桶」。

黃色臉盆「ケロリン桶」，其實是富山縣藥商「內外藥品」（現為「富山めぐみ製藥」），為宣傳「ケロリン」止痛藥所誕生的廣告道具。大正十四年（一九二五年）「ケロリン」止痛藥作為新品，銷售成績不錯，於是內外藥品希望能推往日本全國，當時做出的廣告宣傳都是很基本的紙本宣傳，直到昭和三十八年（一九六三年），廣告商「睦和商事」提出了在臉盆（風呂桶）打廣告的建議，於是經典的黃色臉盆「ケロリン桶」就此誕生。

ケロリン桶是塑膠材質，在當時仍以木桶為主的錢湯等公共浴場來說，是一大創舉，因為塑膠材質好清洗，不用有病菌殘留木頭隙縫、發霉等問題，而且ケロリン桶超耐用，怎麼摔都不會壞，桶內的「ケロリン」文字是夾在塑膠層之間，所以不會掉色、破損，一個可用好幾年，因此又有「萬年桶」的稱號，獲得浴場業者一致好評，順利推展至錢湯、溫泉旅館等，加上當時正是錢湯的高峰期，廣告效益超高，讓藥品「ケロリン」的名字隨著黃色臉盆深植人心。

不得不說ケロリン桶那接近螢光的黃色跟各大錢湯、公共浴場實在很不搭，其實最一開始的ケロリン桶是白色，但因為容易因水垢而顯髒，發售沒多久就改成這超顯眼黃色，讓你不管進到哪座浴場，都無法忽略它的存在。

現在的ケロリン桶分有兩種尺寸：關東版（A型）跟關西版（B型），關東版整體尺寸較大，直徑與高度都比關西版多出一・五公分，較小較輕的關西版，是為了因應關西人在入浴時，習慣從浴池中勺水沖洗身體，避免一次撈起太多水過重的設計。

ケロリン桶也曾有過各式各樣不同的樣貌，如有腳、桶面較寬的版本，這是為讓女性方便彎腰洗髮的設計；單純桶面寬，高度不變，方便洗臉的設計，另外還有小孩專用，尺寸較小的版本，我還有見過桶身周圍劃上紅線的版本。這些版本跟白色的ケロリン桶一樣，現在都是夢幻物品，可遇不可求。

ケロリン桶的廣告手法大獲成功，讓不少錢湯、公共浴場效法製作自己專屬的臉盆（且顏色都以黃色為主），而過去為宣傳藥品的ケロリン桶，現在甚至成為其他業者宣傳自家商品的媒介，更開發出許多周邊商品，名列錢湯愛好者的必收清單。但我個人最推薦的，還是買一組黃色的ケロリン桶＋ケロリン椅，這樣每天都能在自家浴室，假裝自己身在錢湯。

上：
被「ケロリン桶」大量取代的木桶，現在仍有少數錢湯依舊使用。

中：
最初的白色ケロリン桶由於很快便被黃色版本取代，現在特別少見。

下：
因應地區沐浴習慣而誕生的關東版與關西版ケロリン桶，深度較深的是關東版。

上：
帶紅線的的ケロリン桶。

中：
店家特製的專屬的臉盆。

下：
人氣電玩遊戲《桃太郎電鐵》的ケロリン桶，是為宣傳遊戲的特製款，據說現在僅少數存在於東京都內四個錢湯之中的夢幻逸品。

## 不可不喝的玻璃瓶牛奶

真要說起來，玻璃瓶牛奶才是錢湯中最常出現的角色，因為沒有富士山壁畫、不是ケロリン桶的臉盆依舊可以好好洗澡、好好泡湯，但是泡完湯沒有玻璃瓶牛奶可喝，那是千千萬萬不可以。

「泡完錢湯後就要來一罐牛奶！而且一定要是玻璃瓶！」就算沒泡過錢湯好像也會知道這定番規則，但到底為什麼會有這習慣出現呢？

在家用衛浴設施尚未普及的年代，錢湯就是大家的浴室，人人每天必報到，結果不只是洗澡，更成為街坊鄰居聚集交流之地。每天人聲鼎沸的錢湯，荷包當然也是賺得飽飽，如此富裕的結果，擁有當時最新的「電器三神器」之一的「冰箱」當然很正常。

昭和三十年代（一九五〇年代後半），黑白電視、洗衣機、冰箱被譽為「電器三神器」，每樣都要價不斐，普及順序則是黑白電視↓洗衣機↓冰箱（看來不管哪個時代娛樂都是最優先順位）。

同一時間，「牛奶」作為營養品也逐漸普及。在無法冷藏保存的情況下，牛奶是在每天早上配送，收到後快快喝完，一天一人也就這麼一瓶。但若是能冷藏保存，就算到了下午也能喝牛奶，要喝幾瓶都可以！腦筋動得快的牛奶業者於是找上有冰箱的錢湯，珍貴的牛奶開始出現錢湯，就此成為定番飲品（但後來有研究說，其實泡完錢湯喝冰牛奶其實對身體不好，理由是讓身體突然降溫）。

雖然現在不少品牌有推出紙盒包裝，但在錢湯販售的牛奶還是以玻璃瓶裝為主，這是信仰，而且直接以嘴接觸玻璃瓶喝到的牛奶真的比較好喝。

## 逐漸說掰掰的玻璃瓶牛奶

二〇二一年三月底，錢湯界討論度最高的話題是——小岩井乳業即將在二〇二一年四月，將玻璃瓶裝飲料系列全面改成紙盒包裝，引起一片哀鴻遍野。

前面有提到，泡完錢湯來杯玻璃瓶牛奶已是不可或缺的經典儀式，但是看到不少人哀號：「啊啊，以後沒辦法在錢湯喝小岩井的咖啡牛乳了。」

這些哀號看在我眼裡實在很奇怪，因為在我的經驗與印象中，傳統錢湯裡牛奶市場被明治大幅壟斷，擁有約九〇%的市占率，其次是雪印、森永，大概一%左右是地方品牌，幾乎沒有看過小岩井瓶裝牛奶，有也只是紙盒。

好奇的我於是上網搜尋，發現了東京都內少數有小岩井瓶裝牛奶的錢湯，於是毛巾一抓，來到位於中野區的「一の湯」（一之湯）。

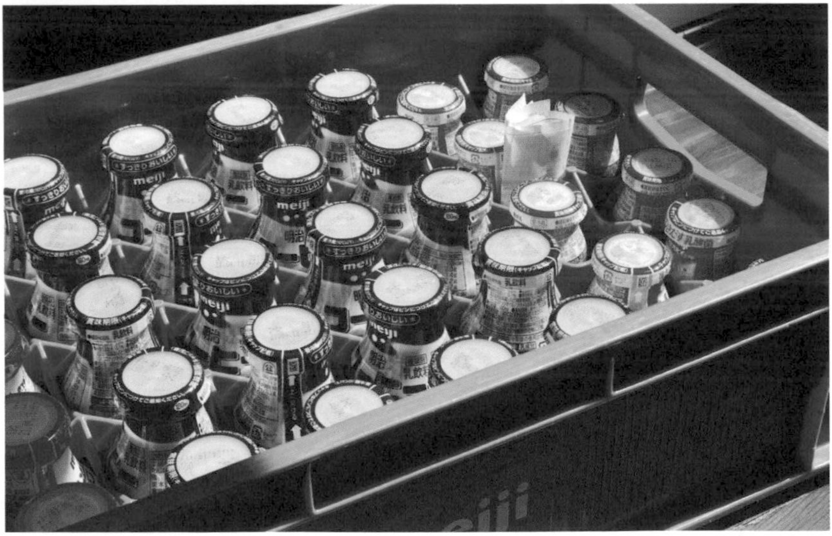

目前在錢湯市占率最大的明治牛奶。

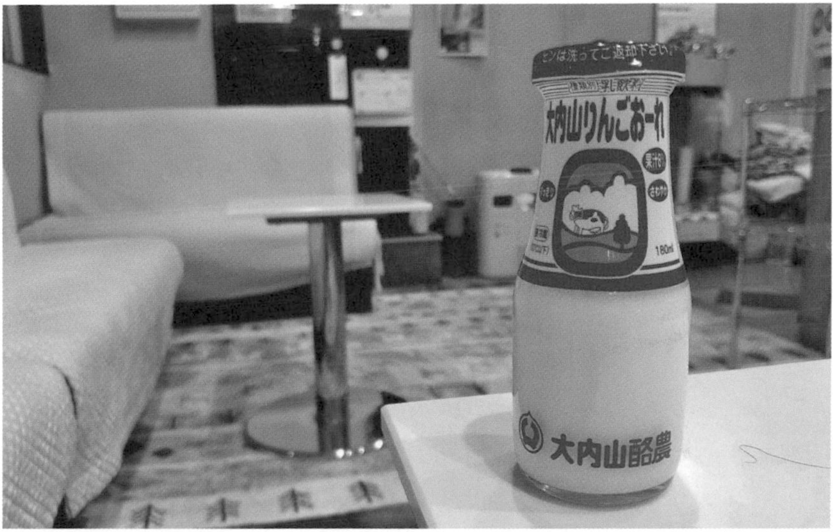


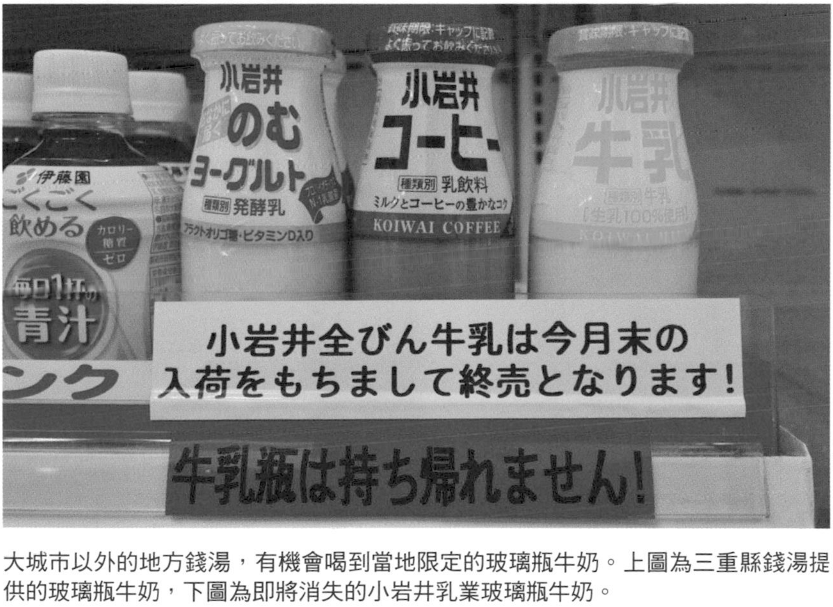


大城市以外的地方錢湯，有機會喝到當地限定的玻璃瓶牛奶。上圖為三重縣錢湯提供的玻璃瓶牛奶，下圖為即將消失的小岩井乳業玻璃瓶牛奶。

一進脫衣場，立刻被放在冰箱的小岩井瓶裝牛乳本人吸引，跟番台上的老闆娘說明來意後，獲得拍攝許可（脫衣場不准拍照，除非取得同意），也跟老闆娘聊了起來（秀出因掃錢湯而果酸換膚的手立刻相見如故）。

老闆娘說，最早以前，一之湯就是販售小岩井瓶裝牛乳，後來好長一段時間改成紙包裝，結果一直被客人說好想要玻璃瓶版本，於是在十年前又改回瓶裝牛乳。我跟老闆娘說，這是我第一次見到小岩井瓶裝牛乳，是不是使用小岩井的錢湯真的比較少呢？

老闆娘回答：「比起明治真的少很多，不過還是有喔！像我們這邊還有其他家都是用小岩井。」

到底為什麼小岩井瓶裝牛乳在錢湯少見？我跟老闆娘討論出的可能性是：因為小岩井乳業比較年輕。

明治創業於一九一六年，瓶裝的「明治牛奶」誕生於一九二八年；森永創業於一九一七年，瓶裝的「森永牛奶」誕生於一九二九年；雪印創業於一九二五年，瓶裝牛奶推估誕生於一九五〇年之後。

小岩井乳業則創業於一九七六年，在這之前一直是屬於小岩井農牧的一部分，在一九七六年正式獨立分離；小岩井農牧雖創業於一八九一年，但位於岩手縣盛岡，東京地區的商業活動在一九四九年才正式開始。畢竟錢湯還是東京多，起步較晚的小岩井能見度相對較低。

阿梅家的牛奶是明治，二〇一八年才開始販售。「是小松家介紹的喔。」阿梅說，當初想進牛奶但不知道管道，所以問了小松家。「用明治是因為業務上門推銷啊哈哈！」小松說：「小岩井瓶裝牛奶我還真的沒看過。」

「小岩井總公司就在中野區，也算是鄰居互相支持，」一之湯老闆娘說：「而且小岩井真的比較好喝呢！」

小岩井牛奶雖然傳統錢湯較少看見，但在超級錢湯的占有率就高很多！而且是大大一台品牌販賣機擺著賣，隨著現在前往超級錢湯的人數高升，難怪會有許多人小岩井瓶裝牛奶的消失而哭泣。

小岩井乳業結束瓶裝商品製造最主要的原因是：瓶裝市場縮小、成本過高。瓶裝商品多在錢湯販售與宅配訂購，空瓶會回收清潔消毒後再使用，想想這一切人事成本，如果瓶子摔破還要重新製造，成本再度上升，更不要說很多人會將玻璃瓶帶走做紀念。

而錢湯方面，一瓶牛奶的收入不比罐裝飲料，牛奶瓶又重又有破碎的可能性，雖然是所謂「必備定番」，但很多時候只能屈服現實。

結論：要好好珍惜有瓶裝牛奶的錢湯。

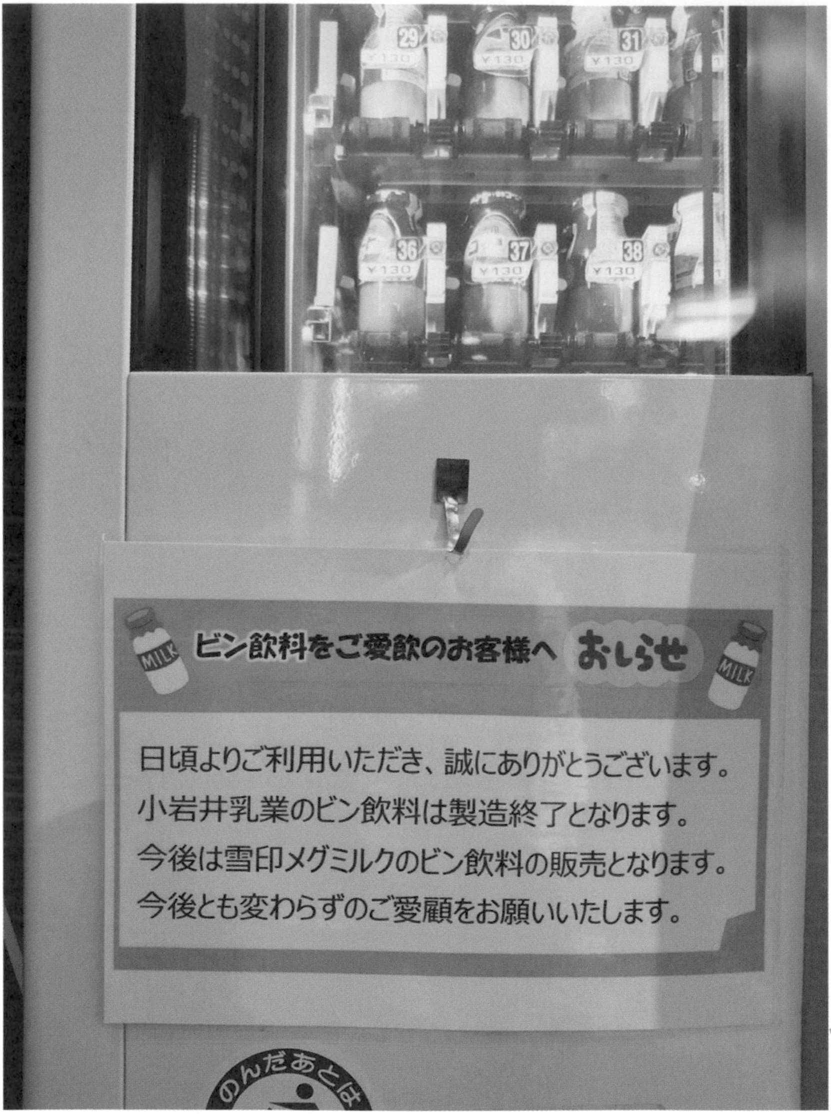
ビン飲料をご愛飲のお客様へ
おしらせ
日頃よりご利用いただき、誠にありがとうございます。
小岩井乳業のビン飲料は製造終了となります。
今後は雪印メグミルクのビン飲料の販売となります。
今後とも変わらずのご愛顧をお願いいたします。
のんだあとは

小岩井牛奶不再生產玻璃瓶牛奶後，改為販售其他品牌瓶裝牛奶的超級錢湯。

## 四季多口味湯

雖說是來錢湯泡湯是泡熱水，但現在錢湯浴池都會有兩到三個，都放熱水，只有溫度稍微不同很無趣，於是入浴劑就發光降臨錢湯。

入浴劑口味千變萬化，顏色多采多姿，一倒進熱水立刻染色整池，加上強烈香氣，為泡湯增加了不少樂趣。而通常店家說明牌還會寫著此口味入浴劑的療效，打工仔不說謊：那個，看看就好。

平日使用入浴劑，但在特殊的日子裡就有特別的東西！

在東京，春夏秋冬各有一個特殊湯，是由東京錢湯公會統一舉辦的特別活動，這四個特殊湯分別是五月春季「端午菖蒲湯」、七月夏季「桃葉湯」、十月秋季「薰衣草湯」、十二月冬季「冬至柚子湯」，其中除了薰衣草湯是為慶祝「十月十日錢湯日」，於一九九五年誕生的活動，其他都是自江戶時期流傳下來的泡湯習俗。

這四個特殊湯，會用真正的菖蒲葉、桃葉、薰衣草，與柚子，將它們丟進熱湯中，成為最天然的泡湯材料，其中我一定要特別說說「冬至柚子湯」。

日本的冬至柚子湯，這裡的柚子是「香橙」，不是我們印象中的中秋柚子（文旦）。將公會統一寄送的柚子分裝進洗衣袋後再下水，絕對不能直接光溜溜扔進浴池，因為每個客人都會去捏柚子，使力捏、用力捏，若是太晚來柚子早已被碎屍萬段沒得捏，還會面露可惜之色。

要是沒有用洗衣袋裝著，肚破腸流的柚子會漂浮水面、堵塞水管，打掃的時候就會髒話飛滿天。每年的冬至，總是有幾家錢湯為了氛圍好，不裝袋直接讓柚子浮水面，結果開店沒多久，管線就被完全塞住，悔不當初啊。

但是話說回來，捏柚子真的很舒壓，把柚子壓得扁扁的，看著內部的空氣透過表皮細孔竄出，在水中形成無數氣泡消散，而雙手則沾滿了柚子皮炸裂出的油，香香的讓心情超好，有些人捏完還會立刻往臉上畫圈按摩，原來是柚子皮含維他命C跟檸檬酸，擁有美肌功效，於是不分老少大家都是捏完柚子後按摩臉部與身體。

我是不知道這樣有沒有效，但我知道沒塗好就會眼睛痛到炸啦（曾親眼目睹一位婆婆就是如此）。

很多人都會為了柚子湯而來錢湯（走進來時特別向櫃檯報告原因），走出來時每個人都充滿柚子香（不誇張，是超香的那種），邊走邊說：「柚子湯太舒服不小心泡久了呢～」

而我對於柚子湯的感想是：很香很好捏，但是很痛。真的很痛。

我的柚子湯初體驗是在自家浴缸，因為前一天下班後獲得三顆柚子，回到家就決定來試試自家柚子湯。

放好水、柚子三顆丟下水，然後一邊泡一邊捏呀捏。越捏空氣越香，熱水也漸漸染上柚子黃，就在我沉醉在這好棒棒的柚子湯時，突然覺得膝蓋後方皮膚有被咬的痛感。

有時候水太燙也會讓皮膚刺痛，所以我不以為意。但是那痛感越來越明顯、範圍也越來越大，那感覺就像是把整包跳跳糖粉（小時候流行的零食，現在很少見了）抹在你整條腿後方，然後下水，糖粉就霹靂啪啦瘋狂炸裂個不停。

因為真的太痛，我逃出浴缸沖水洗澡，出浴室後立刻求救GOOGLE老師，才發現原因就出在柚子的「酸」。

適度的酸可以達到去角質功效，但是過多的酸就是讓你刺激滿點，這些酸在柚子的表皮、果汁都有，所以只要想辦法讓酸不要過度冒出，其實柚子澡是很溫和的一件事。

結論：千萬不要自己手賤。

1

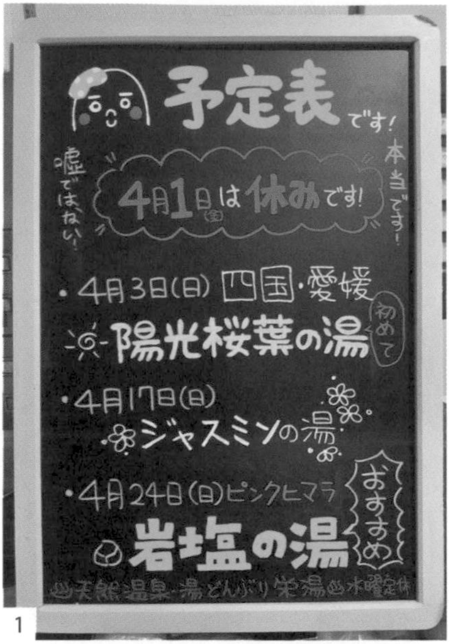
予定表です！
嘘ではない！
4月1日(金)は休みです！
本当です！
・4月3日(日) 四国・愛媛
陽光桜葉の湯
初めて
・4月17日(日)
ジャスミンの湯
・4月24日(日)ピンクヒマラ
岩塩の湯
おすすめ
天然温泉・湯どんぶり栄湯 水曜定休

2

3

市場行

4

1　打工仔每個月的工作內容之一：畫小黑板，預告當月特殊口味湯。
2　多口味湯五顏六色的秘密：各色入浴劑。
3、4　特殊季節湯所用的菖蒲葉與柚子。桃葉與薰衣草乾燥打碎後裝袋，看起來就是大型茶包。
5　每年都會被捏爆的大量柚子，為避免碎屍萬段的柚子堵塞水管，絕對要用洗衣袋裝好。
6　柚子浮浮沉沉很可愛，但被捏爆後的浮浮沉沉可一點也不好玩。

6

5

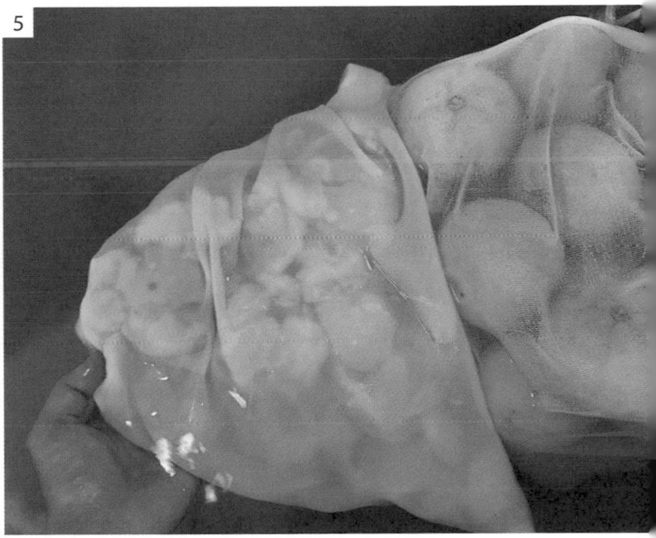

## 錢湯味與錢湯聲

開始打工後，待在錢湯裡的時間變得更多，對錢湯的味道也越來越敏銳。錢湯的味道是什麼？是潮溼的味道，頭髮吹乾的味道，再加上洗衣精的味道。

潮溼的味道來自浴室，每間錢湯的水源不同，加上過濾殺菌的方式有異，聞起來的味道都不太一樣，有些地方的消毒水就有點重，阿梅家對我來說是懷念安心的味道，小松家之前有股天然的香氣，但在某次為優化水質而調整機器後就消失了。

原本以為浴室中的香氣會很混亂，但出乎意料地，那些沐浴用品的味道反而在離開浴室後才出現，尤其是熱風整吹頭髮時，每個人都散發不同的香味，從溼潤漸漸變得乾爽，有時候關店準備打掃時還能聞到——但僅限女湯，男湯什麼都沒有。

洗衣精的味道，則是來自錢湯附設的自動洗衣機，通常錢湯都會附設投幣式洗衣機，許多人會趁衣服清洗時，進錢湯好好洗泡個澡，出來剛好拿洗好的衣服。

有一次我跟先生在京都巷弄中尋找錢湯，暗暗的小路九彎十八拐，我跟先生說就快到了，不久後，轉角處便出現了錢湯的招牌燈光，先生很是好奇，我怎麼在還有一段路的時候就知道錢湯在那？我摸摸鼻子告訴他：「是錢湯味告訴我的。」

不過比起錢湯「味」，我更喜歡錢湯「聲」。關上錢湯鞋櫃後抽出木牌鑰匙的聲音、寬衣解帶的沙沙摩擦聲、打開浴室拉門的喀喀聲、按下水龍頭後的水柱沖刷聲，人們進入浴池中，太舒服而情不自禁的呻吟聲。

而最喜歡的，就是放下臉盆，打在地上那一刻，迴盪在整個浴室中，響亮的「叩」的一聲。

我曾經有一陣子沉迷於浴室臉盆回聲中，到處造訪錢湯時，一定會在浴室裡，稍微用力地「放」一下臉盆，有時候還會故意放下好幾次，然後在心中為這座錢湯的回聲打分數。我發現，傳統錢湯的回聲總是特別響亮，因為浴室的天花板特別高，許多錢湯改建成大樓型後，天花板高度縮短，跟過去可相差一倍高度。

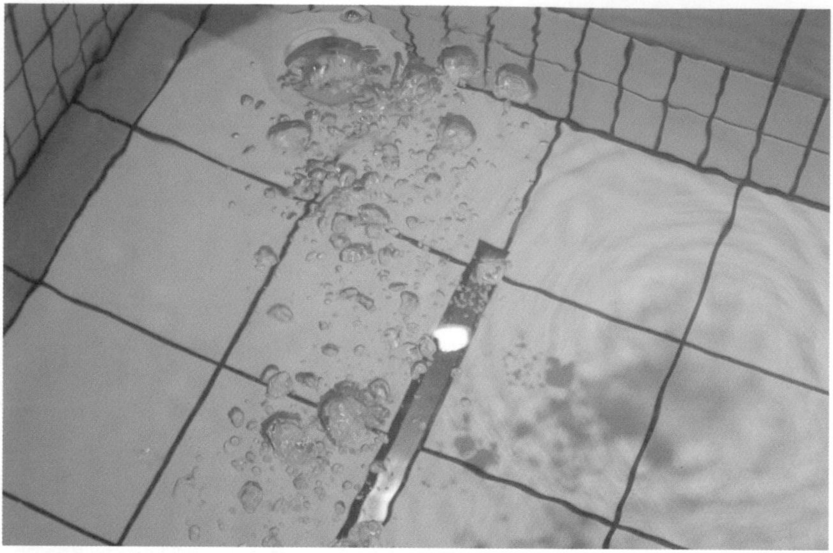

每間錢湯都有獨特的氣味。

目前心中排行第一的錢湯回聲是東京都台東區「有馬湯」。

# 錢湯裡的工作

## 錢湯的一日

身為打工仔，在錢湯的時間基本上不會超過半天，但是經營錢湯的人可就完全不一樣。

二〇一五年開始，東京錢湯公會（東京都浴場組合）每年十月會舉辦錢湯愛好者交流會「錢湯サポーターフォーラム」，規劃不同主題，邀請錢湯業界人士分享經驗，是東京錢湯界的年度盛事，二〇二〇年其中一個主題是請四位錢湯老闆娘開講，其中請她們分享自己的一日行程，然後發現每一個都是凌晨三點睡覺，早上八、九點起床，但讓全場驚嚇，也讓其他老闆娘驚呼的是，有一位老闆娘，坐在番台的時間是每天下午四點到凌晨兩點，整整十一個小時，不吃飯、盡量不喝水，凌晨兩點打烊後才進食兼清理，凌晨三點睡到五點再起來打掃環境到早上十點，然後便開啟新的一天，外出、採買，有空閒才會稍微小睡補眠，到了下午四點坐上番台，重新循環一次——她就是在〈逐漸說掰掰的玻璃瓶牛奶〉篇中登場的「一の湯」老闆娘。

一般人聽起來很驚悚，但對錢湯經營者來說，開錢湯就是這麼一回事。

先來說說錢湯的營業時間，基本上錢湯都是下午兩點或三點才開始營業，結束時間多落在晚上十點、十一點，有些比較晚的會開到深夜十二點或淩晨一點，打烊後直接休息睡覺，或打掃完才睡都有，直接休息的話，就是隔天開店前打掃完成，通常十點就要開始忙碌；打掃完才睡的話，通常要清個兩到三個小時以上才能休息，所以有些店家也會選擇先清掃浴室，因為汙垢越早清越好清，脫衣是其他地方就等隔天睡完才處理。

可以看得出來，錢湯經營者為了管理錢湯，一整天的時間被切得非常細碎，若是有其事情要辦，就必須找尋行程空檔，快去快回，或者利用唯一一天的公休日處理，於是「出外旅行」對錢湯經營者來說，是非常奢侈、極為珍貴的事。

或許你會覺得：不過就去個兩、三天，有什麼大不了的，公告休假就好啦——事情如果有這麼簡單就好了。

今天想吃的餐廳沒開，大多數人會轉頭選擇其他類似店家，但是對錢湯客人來說，錢湯的不可取代性太高，「我就是喜歡這家水質、溫度，還有老闆才來的！」這樣的人非常多，就像阿梅家與小松家距離如此之近，但彼此的客人幾乎不重疊，對錢湯的忠誠度很高

# 錢湯的一日

## 1.上班族的一日

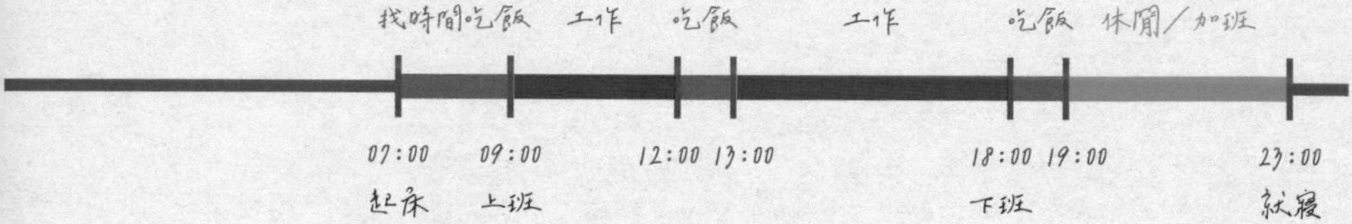
找時間吃飯
工作
吃飯
工作
吃飯
休閒／加班
07:00
起床
09:00
上班
12:00
13:00
18:00
下班
19:00
23:00
就寢

## 2.錢湯的一日——普遍版

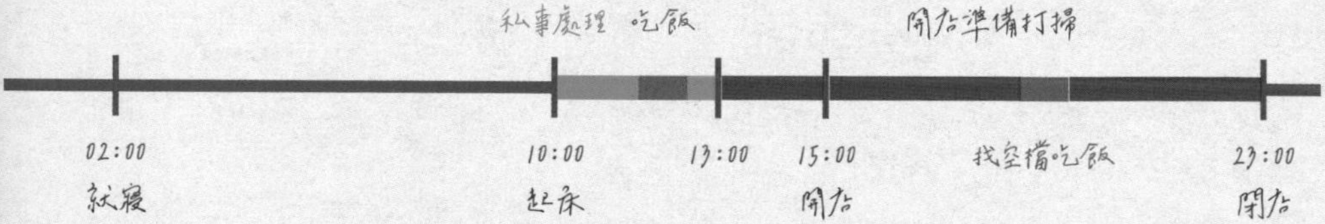
私事處理
吃飯
開店準備打掃
02:00
就寢
10:00
起床
13:00
15:00
開店
找空檔吃飯
23:00
閉店

## 3.錢湯的一日——瘋狂版（一乃湯老闆娘）

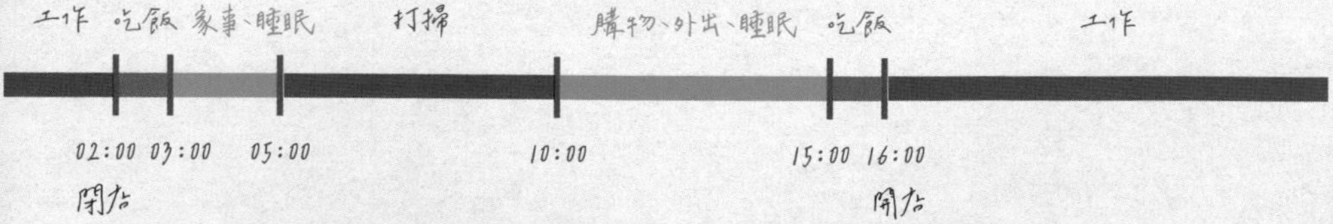
工作
吃飯
家事、睡眠
打掃
購物、外出、睡眠
吃飯
工作
02:00
閉店
03:00
05:00
10:00
15:00
16:00
開店

（我是那少數的花心鬼）。而且家裡沒有衛浴的客人依舊存在，他們只能在他們喜愛的錢湯求得清潔與暢快。

「很想出去玩但是沒機會啊！」這句話我聽阿梅與小松說過了幾百次，阿梅甚至盤算，趁晚上趕快掃完錢湯，坐夜間巴士出發，省錢又不浪費時間，之後再坐新幹線飆回來就好，可惜他想去的地方的夜間巴士，早在他打掃的時候就出發，他到現在還沒機會完成這個計畫。

小松出遠門的時間比阿梅多一點，因為他們家有四個小孩，固定會帶小朋友出去走走，一樣會搭配公休日休個三天，然後一個月前就開始寫小黑板公告跟大家道歉（我就是那個負責寫的人）。問小松他們都去哪裡玩？他說：「我們都待在飯店，小孩去游泳池，我躺在旁邊。」

抱怨歸抱怨，他們兩個還是很愛錢湯的。

## 靠天吃飯的錢湯

曾經我一直以為：錢湯的主場季節是「冬季」，因為天冷就是要泡湯暖身，比起家中那又小又沒有保溫功能的浴缸，錢湯大大的恆溫浴池完全天堂，為此而來的人一定最多吧！

結果似乎完全不是這麼一回事。

某天心血來潮問了小松家的社長婆婆（小松家第二代），錢湯客人最多的季節是冬天嗎？結果婆婆秒答：「NO!」打工仔大驚！轉頭去問阿梅，也得到同樣答案。

根據兩邊多年來的觀察與說法，的確冬天冷時客人很多，但是「漸進式」的多，所謂的「漸進式」是，最初變冷時，人們因為突然變天而躲在家裡不出門，慢慢習慣低溫後才開始外出去錢湯，所以冬季前期的客人會比秋天少，過一、兩個禮拜後慢慢增加且穩定下來。

而且相信你我都有過這個念頭：今天天冷又沒流汗，洗澡就免了吧。不要害羞，這也是冬季錢湯客人較少的一個原因，沒有流汗沒有異味，有些家裡沒衛浴的人更會偷懶不洗澡一天（有衛浴的都會偷懶了）。

說到這裡，應該不難猜出錢湯客人最多的季節是何時了吧？

沒錯，就是那揮灑大量汗水的「夏天」。滿身大汗還不洗澡的人我相信是少之又少（如果你是，拜託千萬不要讓我知道），所以在夏天夜晚，來到錢湯洗去一整天相伴的汗味與黏膩，洗完後邊吹冷氣邊來瓶冰牛奶，就一個字：爽！

上面這是東京兩家錢湯的說法，後來問到一間青森錢湯「トド湯」，錢湯婆婆則是說冬天客人最多，個人覺得可能是因為青森的雪直到三月底才融完，寒冷時期較東京長（青森冬季跟東京冬季根本不同層級啊）。

不過說到客人最少的天氣，不論何處都是同一個答案：下雨天。畢竟下雨天願意出門的人更少，且洗個清爽乾淨後又變得溼答答，根本找自己碴，因此冬季下雨天是完完全全的魔王。曾經有客人問我，什麼時候人會比較少呢？我回答他平日較少，不然就是下雨天，客人笑了笑，他可能覺得眼前這個打工仔是個傻子吧～

所以每次下雨天去上班時，阿梅跟小松都會搖頭說：「今天客人一定少，好想直接不開啊～」說歸說，但兩邊還是會乖乖營業，畢竟還是有需要錢湯的客人，為了他們，怎樣都得開。

## 關於掃錢湯這檔事

成為打工仔最讓我興奮的就是可以掃錢湯啦！畢竟能看到整個浴池水被放光只有打掃時，就連媒體採訪錢湯，也大多是放滿水時的景象，沒有人沒有水的模樣可是打掃人員專屬的呢！

前面提到，錢湯的打掃時間分為兩種：當天掃或隔天清，阿梅家是當天掃完的那一種。所以每次打烊前三十分鐘，打掃主要負責人阿梅姐（阿梅親姐姐）就會開始巡浴室、做事前準備，就算營業時

打掃人員獨享的空蕩蕩浴池。

間還有一點，只要確認不會有人再進來，就會開始洗洗刷刷，她的座右銘是「能早一分鐘結束是一分鐘」。

錢湯的打掃區域包括櫃檯、休息區、脫衣場，這幾個地方都好清，最大的重點是在「浴室」，這裡也是最花時間、最累的地方。

浴室要清掃的就是泡澡浴池區與洗澡區。一般錢湯的浴池多為兩個，多一點三個，四個算很多，但阿梅家有五個，有一個還特別大，通常一個基本正方形浴池可以泡四個人，基本長方形浴池六至八人，阿梅家大的那個可以泡進十到十二人。這邊說的浴池數量是指單邊數量，所以阿梅家男女加起來總共是十個（我只有掃阿梅家浴室）。

然後來說說洗澡區，這裡要清的是鏡子、水龍頭，還有牆壁，每個項目都要一個一個擦，男女兩邊共六十面鏡子加六十組水龍頭，再加上十個大浴池，我們必須在兩個小時內結束它們。

打掃錢湯的穿著是短袖短褲，不論春夏秋冬，因為要在水裡進進出出，重複用水潑水，再怎麼小心都會一身溼（有些全男性工作人員的地方還會只穿一條內褲），且錢湯即使停止加熱，一大池的水依舊可以維持熱度好一陣子，整個浴室就是一個超大三溫暖（溼氣超高的那種），春秋冬掃浴室很開心，覺得冷的時候還可以跳進池裡暖暖腳，但是在夏天完全就是地獄。

記得二〇二一年七月，日本東京奧運正要開始時，日本電視台採訪到一位來自加勒比海的男性，他對於日本的夏天下了如此評語：「日本的夏天總是如同地獄的入口般（日本の夏はいつも地獄の入口みたい）。」打工仔看到後心想：如果日本的夏天是地獄的入口，那日本夏天的閉店錢湯就是地獄的中庭了吧。

掃錢湯真的是跪在地上刷、貼著磁磚刷，在四面熱氣環繞下刷，水龍頭的位置高低皆有，於是一直高高低低起立蹲下，身上的水滴也不斷滴滴答答。為什麼說水滴？因為我常常分不清楚，滴落的究竟是水還是汗，尤其是在夏天。某次掃完錢湯回家，發現外面正下著雨，下意識撐傘一秒，隨即想起我現在上下內外一身溼，比這雨還溼，呵呵幾聲便把傘收了起來。

在這地獄的中庭，唯一的救贖就是「水風呂」。水風呂就是「冷水池」，溫度通常在十七至二十度左右（各家不一），然後熱水池大約是四十至四十四度（各家不一），但是二十幾度的溫度差，創造出天秤兩端的冰與火之歌啊～所以夏天掃錢湯最開心的就是掃水風呂的浴池，冰冰涼涼，連浴池顏色也是清涼藍色，多棒！然後冬天完全反過來，碰到水風呂直接尖叫。

第一次掃完錢湯後，隔天我的手完全抬不起來，腿超鐵，立刻對錢湯經營者們充滿無限敬意，然後過幾天，出現了另一個掃錢湯職災。

2

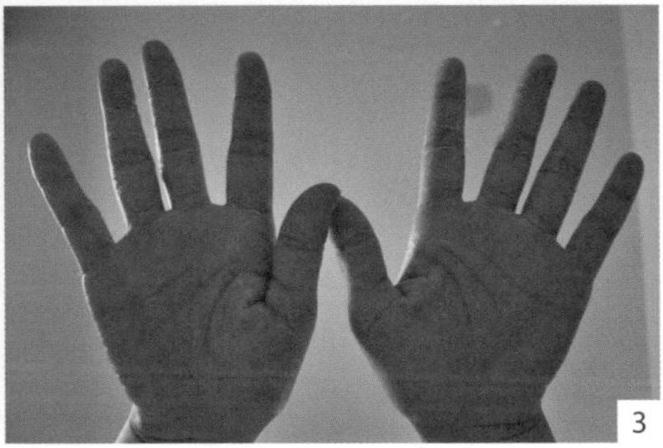

3

1

1　掃錢湯的正確方式：跪著刷。
2、3　阿梅家刷錢湯專用組，忘記帶手套的結果就是強力果酸換膚。
4　掃錢湯就是整身溼，包括頭髮也是。疫情時期還得戴著口罩掃，極度悶熱難熬。
5　偶爾會幫小松家刷錢湯。
6　但重點是每個禮拜必洗的椅子與臉盆，一個個拿小刷子清，彷彿沒有盡頭。

4

6

5

每家用來刷錢湯的清潔劑不太一樣，但同樣都是酸性為主，阿梅家用的是錢湯浴池專用的粉狀酸性清潔劑，沾取適當的水摩擦，即可起泡，如果水不夠，粉會凝結成塊，卡在磁磚間的縫隙，沒有起清潔作用還很難沖掉，但水太多又會把粉直接沖散沖向排水口，所以最適合的水分溼度就是浴池水剛放完的瞬間，殘留磁磚表面的水量剛剛好，排水口還有一點水窪，不夠溼時拿錢湯必備打掃神器「龜的子束子」（亀の子束子）棕梠刷沾一下，泡泡又會重新冒出。

業務用配方粉狀酸性清潔劑，酸性很強，我第一次打掃沒戴手套，掃到最後覺得手掌小刺痛，過幾天就大脫皮！整個手皮煥然一新，是很強的果酸換膚（開玩笑）！大脫皮嚇到阿梅姐，自責忘了叫我要戴手套，立刻脫下她的塑膠長手套給我，但我發現她的手比我還紅，阿梅姐瀟灑地說：「我習慣了沒事！妳好好戴著！」

第二次開始，我就帶了自己的手套來，也是後來我才知道，阿梅姐的皮膚其實對很多東西都過敏，那雙手也早在多年打掃錢湯下，終年是破皮發紅的富貴手。而長手套其實作用有限，要脫手套時雙手早已溼透，是直接將手套反著脫下，一年多下來，我的右手有隻比較脆弱的指腹也不斷龜裂，直到結束打工仔的生活，花了一段時間才回復。

打掃錢湯浴室是如此辛苦，但這也是身為打工仔覺得最有成就感的事。錢湯的靈魂就是浴室、就是浴池，大家到這裡洗淨一天的髒汙與疲累，在熱水中包圍中獲得療癒，怎麼

能用不乾淨的環境面對大家呢？於是自從開始刷錢湯後，我就「罹患」了打工仔的職業病，到其他錢湯泡澡時，會下意識地開始評估這家的打掃是輕鬆還是累，還會摸摸浴池、摳摳磁磚，讚歎這家的清潔與用心度，或者碎唸哪裡可再加強，在心裡默默打分數。

## 錢湯的社會角色

二〇二一年八月二十一日下午四點開始，東京都新宿區與文京區部分區域因瓦斯管破裂，導致瓦斯暫停供應，影響了約六千五百戶的日常生活。

所謂的日常包括生火煮飯、燒水洗澡，於是受影響區域內的便利商店熟食區大斷貨，錢湯大批民眾湧入，人潮是平常的四倍以上，以至於置物櫃、臉盆等全都不夠用，要洗澡的人只能在外大排長龍。

瓦斯管的修復比預想的更花時間，於是在破裂超過五十個小時後，八月二十三日，新宿區內所有的錢湯（共十九間），與文京區的「君の湯」、「ふくの湯」，宣布免費開放無瓦斯可用的民眾進場（需在入場時主動向櫃檯說明家中目前無法使用瓦斯）。

其實一直以來，錢湯也扮演著「災難時的緊急避難所」的角色，所謂的災難包括水災、颱風、地震等，當然也包含這次的斷瓦斯，這種時候，擁有廣大空間、水源、熱源、乾淨毛巾的錢湯，便成為大家安身安心之地。

現在在東京幾乎看不見，但若是其他地方，有許多錢湯仍張貼著「防災錢湯」、「災害時避難所」等告示，讓大家知道，若真的不幸發生什麼，可以來到這裡避難。

擁有水源、熱源、毛巾與廣大空間的錢湯，非常適合擔任緊急時期時的避難角色。

東京的錢湯雖然沒有告示，但是沒有忘記自己應該扮演的角色。在二〇一一年的三一一東日本大地震時，東京部分錢湯便立刻成為避難所；這次的瓦斯事件，新宿區與文京區免費開放；各區錢湯組合也都常備水源、物資，這都是在盡錢湯該做到的社會責任。前面提到的文京區的「君の湯」甚至沒有加入任何錢湯組織（東京都內只有不到十間沒加入），但依舊自動開放，實在令人感動。可能有很多人是在這次才第一次踏入錢湯，才第一次意會到，那總是燒著熱水、已經佇立街角好久的錢湯是多麼重要。

如果可以讓今日走進錢湯的「非日常」成為「日常」，我偷偷地期待瓦斯可以故障久一點。

順便分享一下，如果人在錢湯，發生地震的時候該怎麼辦呢？

身為地震頻發的島國，日本不少錢湯都有針對地震作模擬訓練。假如你剛好在錢湯內（脫衣場、浴室），首先趕緊拿起怎麼都摔不破的黃色臉盆「ケロリン桶」戴在頭上，保護頭部，然後移動到脫衣場，等待錢湯員工的引導指示。

而錢湯業者則會將整個設施門戶大開，確保逃生路線暢通，並確認鍋爐等設備狀況，有些錢湯還會提供大浴巾，讓來不及穿上衣服的客人直接包裹全身，把握時間移動。

以上是在模擬情況下的完美演練，不過實際問過幾位錢湯店主，都對「戴ケロリン」這點充滿疑惑，「不覺得有點沒意義嗎？」、「真正搖的時候誰會戴啊？」總之吐槽滿滿。據阿梅姐的三一一東日本大地震經驗，雖然瓦斯立刻壞掉，強制結束營業，但搖的當下，許多人就是浸在浴池裡給它搖。戴ケロリン桶？才沒這回事。

其實絕大部分錢湯都是單層樓建物或位於一樓（大樓型錢湯），脫衣場浴池裝潢單純，逃生移動相對簡單，只是在錢湯時多為赤身裸體，不安全感也會變得特別強烈。總之若是剛好在錢湯時碰到地震，建議趕快離開浴室，拿起毛巾遮蓋身體，在脫衣場觀察情況後再行動。至於戴不戴黃色臉盆「ケロリン桶」，就看個人囉。

阿梅姐示範ケロリン桶護頭。

東京都澀谷區「八幡湯」所貼的富山縣觀光推廣海報。

東京都台東區「富士の湯」脫衣場中擺放的石川縣七尾市祭典海報。

# 錢湯裡的人／

## 東京錢湯版圖的開拓者

你有沒有好奇過，經營東京錢湯的人的出身地是哪裡呢？

一次，我在東京澀谷區的錢湯「八幡湯」，看見牆上張貼了日本北陸地區「富山縣」的觀光海報，這讓我感到好奇。

通常錢湯裡可以貼海報文宣的空間並不多，所以都會以錢湯公會、當地活動，或政府宣導事項為主，基本上這幾樣內容的海報一貼，錢湯的牆已是全滿，不太可能有空間給其他宣傳品，但是八幡湯的富山縣觀光海報卻是獨占一角，而且不只一張。一問之下，謎底揭曉——因為前前任與前任店主是富山縣出身。

日本北陸三縣包含富山縣、石川縣、福井縣，與富山縣相連的新潟縣，有時也會被歸在北陸地區，現在全國錢湯數最多的東京，追本溯源，有九成以上的錢湯創業者皆來自北陸，其中以新潟、富山出身的人最多；錢湯數次多的大阪、京都則是石川出身的人占大多數，福井出身的錢湯業主則較為少見。我打工的阿梅家與小松家，兩家的初代店主都是來自新潟，熟識的東京都北區「瀧野川稻荷湯」的創業者則是出身石川。

問起原因，不管哪一家的回答都是：因為北陸的人都很吃苦耐勞啊（働き物）。

北陸三縣與新潟縣緊鄰日本海，冬季時風雪交加，環境惡劣，艱困環境成長下的北陸人因而培養出吃苦耐勞的性格，即使再辛苦，也要好好把事情完成。北陸的工作機會較少，家中排行老二、老三的孩子會選擇離開家鄉，到東京或大阪工作，初到大城市的他們，多會來到同鄉經營的店裡上班，而當時有賺錢、有能力雇用同鄉小伙子的「店」就是錢湯；因為現金交易的關係，錢湯也多半會選擇出身熟悉、有地緣關係的人當員工。

北陸人來到東京錢湯業發展的時間，最早可追溯至江戶時代，第二次世界大戰後更大為增加。能吃苦、願意辛勤工作的性格，非常適合的錢湯的工作，畢竟在沒有電力、瓦斯的情況下，燒熱水極為辛苦，何況是多人使用的大浴池，結束後還要刷洗整個浴室、打掃準備明天的營業，真的是從早晨忙到深夜，休息不久後再度起身，再來一次循環，幾乎所有時間都在錢湯，所以當時的員工都是住在錢湯店主準備的宿舍（通常就是店旁一個小空間），方便隨時處理工作。

日子一天天過去，年輕員工漸漸累積經驗與財富，這時他們會開始考慮自立門戶，經營屬於自己的錢湯，不管是先用租借方式擁有一座錢湯，之後再一口氣買下，或是直接蓋一棟新的錢湯，然後跟過去的老闆一樣，啟用同鄉人，或者邀請親戚一同經營，於是一個拉一個，漸漸地，北陸人撐起了日本大半個錢湯產業。

搭配二〇一四年底北陸新幹線開通，富山市物產振興會制定了一系列富山宣傳計畫（ホットして富山市PR事業），從二〇一〇到二〇一二年，連續三年在東京數間錢湯特別繪製立山連峰壁畫，其中一個理由便是看中了東京錢湯業界與富山的深厚關係，參與計畫的錢湯也都是自身或親戚來自富山，如開頭提到的「八幡湯」便是如此。現在在東京錢湯中，依舊有幾間錢湯的壁畫不是富士山，而是立山連峰，有些甚至還畫上了北陸新幹線，如足立區的「タカラ湯」。

北陸人吃苦耐勞的精神，依然存在於東京錢湯中的各個角落。

## 錢湯畫畫的人「錢湯繪師」

在前面的〈錢湯裡的富士山〉篇中提到，關東區的錢湯多數擁有壁畫，原先錢湯壁畫只是為了讓客人感到開心而畫，後來漸漸變為商家打廣告的好選擇，因為客人夠多，曝光率與觸及率自然高。

東京都足立區「タカラ湯」的立山連峰與北陸新幹線壁畫。

當時一幅錢湯壁畫如何誕生？首先會由廣告公司去跟錢湯交涉，以提供免費的壁畫繪製換取在錢湯的廣告刊登版面，再將這些版面位置計價賣給其他業者。錢湯廣告版面極受歡迎，甚至有專門製作錢湯廣告的公司，還彼此一起組成了「浴場廣告聯盟」，且壁畫容易因浴室溼氣影響而剝落，通常一、兩年就得更新重畫，廣告公司甚至養了好幾位專門畫壁畫的人，以應付大量的壁畫繪製需求，這些人被稱為「錢湯繪師」。

據日本現役錢湯繪師中最資深的丸山清人回憶，在最忙碌的時期，負責畫畫的人曾有數十人，大

東京「江戶東京建築園」裡移築保存的錢湯「子寶湯」，壁畫下方可見廣告看板。

家隸屬於不同廣告公司，四處前往錢湯作畫，一天畫一座是正常，有時甚至會到兩座，而當時他們僅被稱為「畫畫的人」，「錢湯繪師」一詞則是最近才誕生。

丸山清人也表示，過去其實沒有那麼常畫富士山，富士山頻繁出現於錢湯之中，是在二〇一三年富士山獲選世界文化遺產後，不管到哪都被要求畫富士山。而過往錢湯要求明亮，藍白兩色的富士山最受歡迎，不過現在也有越來越多錢湯打破傳統，有著暖色系，甚至是紅色的赤富士，也有錢湯店主表示已看膩富士山，選擇其他主題。

日本現在只剩下三名錢湯繪

師，分別是丸山清人、中島盛夫、田中みずき。

## 丸山清人

一九三四年出生，現年八十九歲的丸山清人是三人之中入行最久、最年長的繪師。由於親戚經營廣告公司，從小便看著繪師作畫，加上自己對繪畫也充滿興趣，於是在十八歲時進入業界當弟子，從此開始了長達七十年的繪師生涯，至今畫了一萬幅以上的畫。

因為體力不如從前，現在丸山清人已很少承接錢湯壁畫的工作，大多是醫院、養老院、個人等作畫尺寸較小、時數較短的案件，作品風格端莊秀麗，構圖謹慎，最有日本浮世繪的感覺。丸山清人有一位大學畢業的孫女，現在作為助手一同作畫，對油漆畫充滿興趣，希望未來也能成為獨當一面的繪師。

## 中島盛夫

中島盛夫跟丸山清人是交情深厚的師兄弟，對錢湯壁畫一見鐘情，十九歲踏上錢湯繪師之路，現在已走了快六十年。因為一次手指受傷而嘗試以滾筒刷取代刷子作畫，發現效率極高，大大縮短作畫時間，現在成為每位繪師不可或缺的工具。

七十八歲的他現在仍活躍於錢湯現場，甚至遠征九州福岡、京都舞鶴的錢湯作畫，二〇〇四年開始培養弟子田中みずき。作品風格豪放自由，用色大膽，極具魄力。

## 田中みずき

最年輕也是唯一的女性繪師，大學起便專攻藝術領域，為保留錢湯壁畫而下定決心成為錢湯繪師。二〇〇四年拜中島盛夫為師，當時錢湯數量已不斷減少中，中島盛夫因此要求田中需要有另一份可以餬口的工作，才願意收她為徒，於是田中一邊在出版社上班，一邊向中島學習，二〇一三年正式獨立出道。

田中除了接受錢湯委託，同時也與許多大型企業合作，如UNIQLO、BEAMS等，是三人中跨領域最廣的一人。作品帶有女性特有的纖細柔美，風格偏現代。

我個人最喜歡的錢湯繪師，則是這三人之外，在二〇〇九年去世的早川利光，他的作品特色是充滿力道，尤其常出現拍打在岩石上，飛濺起的壯闊海浪，但由於錢湯壁畫一、兩年就得重畫，早川利光的作品逐漸消失，東京都內的作品逼近個位數，但有兩家錢湯特別喜愛早川的作品，分別是品川區的「新生湯」，與台東區的「富士の湯」，他們會請人以補色方式修復畫作，盡可能維持早川的作品風貌。台東區的錢湯改建咖啡廳「レボン快哉湯」，也保留了早川利光的壁畫。

1 丸山清人與其作品展。強調「學會畫松要十年，畫富士山則是一生」。
2 於二〇二二年「錢湯愛好者交流會」（銭湯サポーターフォーラム）現場作畫的丸山清人，與一旁協助的孫女。
3 丸山清人的富士山端莊秀麗，對水平線要求嚴格。圖為東京都足立區「大黑湯」的富士山壁畫（大黑湯現已拆除）。
4 中島盛夫的風格豪放大膽，躍動性強。圖為京都縣舞鶴市「若の湯」的紅色富士山壁畫。

2

1

1、2　正在為東京都北區「瀧野川稻荷湯」繪製新壁畫的錢湯繪師「中島盛夫」。
3　唯一一位女性錢湯繪師田中みずき。
4　田中みずき的筆觸與色調溫暖柔和，內容不受限，常與大型企業跨領域合作。圖為二〇二一年「TOKYO SENTO Festival 2020」活動，於東京都武藏野市「弁天湯」特別繪製的活動壁畫（弁天湯現已拆除）。
5　田中みずき於二〇二一年出版的書籍《我是錢湯繪師》（わたしは銭湯ペンキ絵師），描述自己成為錢湯繪師的心路歷程。

5

4

3

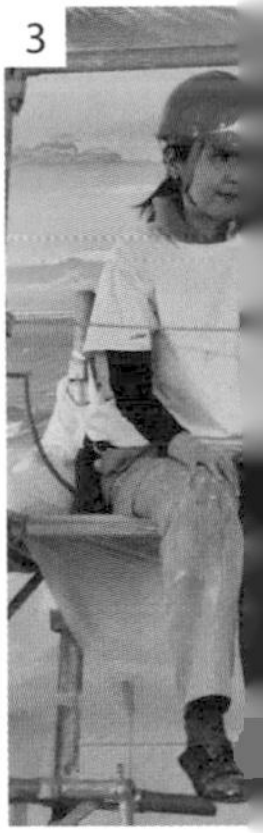

由於錢湯浴室基本上不允許拍照，如果想要欣賞各具特色的錢湯壁畫，只能親自走一趟，「在熱氣飄渺中鑑賞錢湯壁畫」現在也成為許多人造訪錢湯的理由呢！

## 錢湯消費文化

身為打工仔，有一個特權，就是能大大方方的看遍所有客人的肉體。我不是變態，只是因為我的工作內容包括維持環境整潔，三不五時就要進浴室、到脫衣場撿撿垃圾、拖拖地，尤其是女湯的吹頭髮區域，真的是時時刻刻都散落著三千煩惱絲。而因為要男女兩邊跑，錢湯營業中的打工仔只會是女生——想想看要是一個男的跑進女湯？

脫衣場會發生的小問題，其實比想像的還多。如置物櫃的鑰匙總是會有人找不到，陪著客人看遍脫衣場、浴室各個角落，就是找不到，決定放棄，打工仔也離開現場後，突然鑰匙就出現了（難道一切都是我的問題？）。

其他還有換零錢投吹風機、電視機能不能轉台（小松家的脫衣場有電視）、水質是不是怪怪的、顧客沒付三溫暖錢卻使用直接被抓包、忘記帶換洗衣服堅持要買錢湯新衣服的客人等，諸如此類小問題。喔，還有男性阿杯真的很愛光溜溜地到入口處來問問題。

## 來錢湯的目的

來錢湯就是來洗澡泡澡，但有時候會有特別的目的。

在東京，除了最大的東京錢湯公會，還有分區的小型公會，如台東區、大田區、荒川區等，除了跟著大公會規則與活動（如每年由東京錢湯公會主辦的十月十日「錢湯日」活動），自己也會有專門活動，這些活動有免費限量禮物，或是以集章方式，換取特殊紀念品，而品項通常都是毛巾，對錢湯常客來說完全超實用禮物。

台東區每年的年度活動為「顧客感謝DAY」（お客様感謝デー）。「顧客感謝DAY」會在每年三月的第二個星期天舉辦，在這天會發送免費的限定圖案毛巾給客人，每家數量有限，發完為止。每年的這天，台東區錢湯都會大爆炸，除了常客外，還會有許多生面孔，為了得到限定毛巾，巡迴台東區錢湯。

老實說，常客其實不在意收不收得到毛巾，不會為了感謝DAY特別來，因為他們是幾乎「每天來」，只想要好好洗個澡、好好泡個澡，所以他們往往是入浴券丟了立刻朝浴室奔去，需要大聲呼喊阻止，才能順利將毛巾交給他們。

最近這類集章活動越辦越多，獎品也越來越豪華，依集章數量多寡，甚至可換得T-shirt、托特包等，限定又限量的獎品，讓錢湯愛好者們趨之若鶩，越來越獨特且可愛的

1　東京都品川區「新生湯」的富士山壁畫，是早川利光生涯最後幾幅作品之一。

2　東京都台東區「富士の湯」，早川利光極具特色的飛濺海浪依舊力道十足。

3　東京都台東區錢湯咖啡廳「レボン快哉湯」，完整保留早川利光整面壁畫作品，不做特別修補，油漆斑駁脫落處，還能瞧見前一幅畫作的油漆顏色，極具意義。

1

2

3

4

1 每年十月十日「錢湯日」限量贈送的免費毛巾，圖案是全國錢湯公會吉祥物「ゆっポくん」與薰衣草的設計。

2 二〇二一年台東區「顧客感謝DAY」限量贈送毛巾。一改過往設計風格，轉賣率飆高。

3 二〇二二年台東區「顧客感謝DAY」限量贈送毛巾。當天在拍賣網上立刻也有許多賣家出售。

4 二〇二三年台東區「顧客感謝DAY」限量贈送毛巾。走復古霓虹風格。

設計，甚至吸引了不少專門為此前往，可是平常沒習慣去錢湯的人，若只是單純收集還好，但偏偏不是這樣。

台東區二〇二一年開始，免費贈送的限定毛巾風格改變，可愛的設計大受好評，結果發現二〇二一年限定毛巾的轉賣率很高，讓台東區錢湯公會不是很開心，畢竟這毛巾的出發點是為了感謝一直以來支持錢湯的客人，所以「免費」贈送且「數量有限」，然後被以近一〇〇〇日幣的價格轉賣，心意被用以牟利，台東區錢湯公會怎麼不生氣。

## 錢湯的常客

所謂常客，就是幾乎天天報到，讓你看到他就知道現在幾點，或要準備什麼給他。要判斷常客很簡單，只要他有帶著一個裝滿沐浴用品的小籃子或袋子，就是常客，因為這表示他跑錢湯次數多到直接準備一個泡澡組合最方便，有些甚至會帶自己的臉盆與椅子。

若是有帶小小的錢湯包，則是剛好來拜訪的錢湯愛好者，因為深知不是每間錢湯都會提供沐浴用品，便會準備一個隨身錢湯包以備不時之需，但這些人就算有帶小毛巾來，通常還會再買一條當店原創毛巾，當作踩點紀念。

還有一種常客只會帶毛巾，因為他要用的東西全部放在專屬的置物櫃裡。錢湯裡都會有一區置物櫃，專門以租借給客人使用，通常一個月租金約二〇〇～四〇〇日幣，方便客

有些錢湯沒有租借單個置物櫃，熟客就將自己的沐浴組裝袋或用大包巾打包放著。

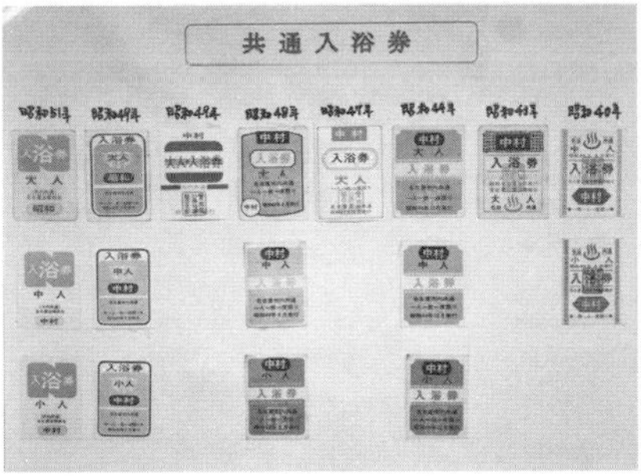


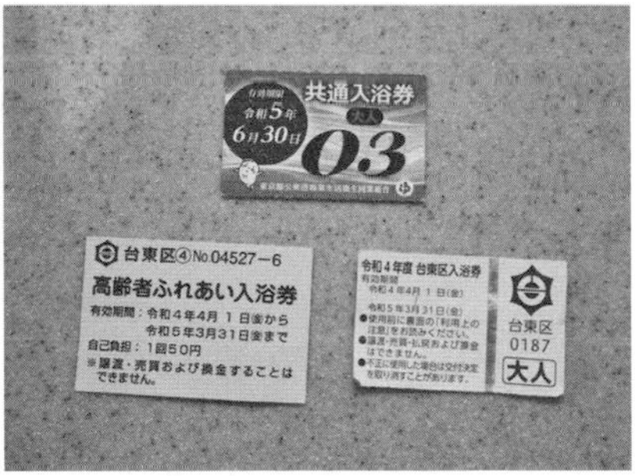


不只東京都，日本其他地區也有推出入浴券。左為愛知縣名古屋市昭和年代的入浴券；右為東京都錢湯公會發行的共通入浴券（上方），與台東區限定的最新版區域入浴券（下方）。

1

2

1　跟著大人來錢湯的孩子，總是比大人加倍興奮。
2　等待錢湯開門的常客。

1

2

3

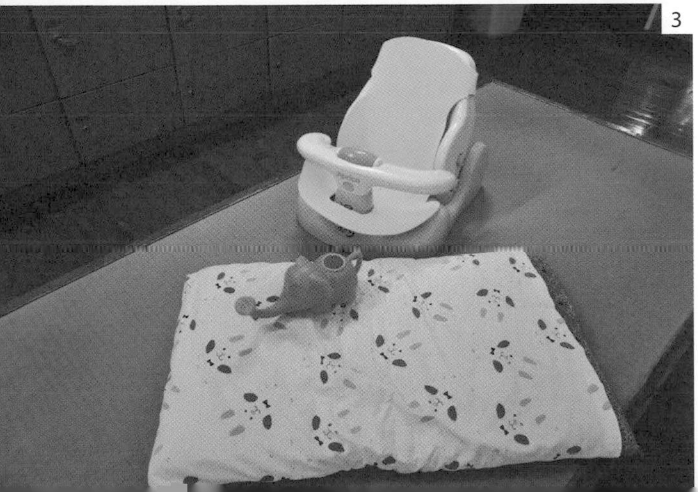

1、2　特別為孩童準備的入浴玩具。

3　為小小孩準備的入浴椅子，與換尿布專用墊。

人輕鬆來、輕鬆洗、輕鬆走，這些租借置物櫃的客人，才是真真正正的大熟客。

另一種分辨是否為錢湯常客或愛好者的方法，就是「入浴券」。東京都錢湯公會有發行十張一組的共通入浴券，售價四七〇〇日幣（二〇二三年七月一日起，東京都單次入浴價格為五二〇日幣，購買入浴券等於打九折），使用期限為一年，只要有加入公會的錢湯都可使用，正適合常跑錢湯的人。

## 錢湯的孩子

依東京錢湯公會規定，未滿七歲的孩童不分男女，可以選擇跟爸爸或媽媽到男女湯（每個地區對年齡的限制不一）。

阿梅家跟小松家都有滿多小朋友會來錢湯，來泡湯的小朋友都特別可愛，尤其是泡完澡，臉頰兩邊因為熱度紅嘟嘟的，真的好想捏下去啊（當然不行）！或者頭頂著零錢，要來跟你買牛奶；小女孩穿著哆啦A夢、史迪奇連身睡衣跟你說晚安，打工仔的心都要被融化。

但也是有調皮的孩子，初級版會跟爸爸玩躲貓貓，突然衝出脫衣場讓爸爸找不到，最後被爸爸扛在肩上抬進去；進階版是彆扭的小學男生，找錢、打招呼什麼都不理，然後被爸爸一個巴頭教訓，才擠出一句謝謝。

我碰過的終極版，是一個跟著爸爸來泡湯的小男孩，他在男湯入口處檢查衣服，突然大喊：「這不是我的內褲，是媽媽的啦！」然後就把內褲丟在大廳跑進脫衣場，爸爸一個伸手快速撿回，不知道他回去會不會跟太太說，今天大家都看到妳的內褲囉！

也有媽媽會帶著未滿足歲的小嬰兒來泡錢湯，我第一次看到的時候有點緊張，畢竟錢湯浴池人來人往，不知道對小嬰兒的衛生是否安全，但對日本人來說很稀鬆正常，媽媽還會開心地宣布，這是小孩的「初湯」（第一次泡錢湯），所以家族客人多的錢湯，都會特別準備小孩用洗澡玩具如黃色小鴨，以及專門換尿布用的墊子，讓父母孩童能安心泡湯。

不過阿梅與小松的孩子才是真正的「錢湯的孩子」，阿梅家的三位男孩每天都會下來洗澡，即使他們家有衛浴，而且他們還會邀朋友來「家」洗澡；小松家的小女孩們偶爾會出現在大浴室，開心泡澡與客人打招呼，彷彿在家一般自在，的確這裡也是他們的「家」。

## 刺青客沒有泡湯權嗎？

聽到我在錢湯打工時，通常對方第一個問我的問題就是：有刺青是不是不能進錢湯？這也是在網路上常常看見的問題，而通常會得到的回答是：有刺青就進不去囉，不然就要特別找允許刺青的錢湯。

但事實上，日本根本沒有法律明文禁止刺青客進入公共浴場。公共浴場包括傳統錢湯、超級錢湯、公共溫泉浴場等，這些公共浴場遵循《公眾浴場法》（公共浴場法），法規裡唯一提到禁止進入公共浴場的，是身染具傳染性疾病的客人，而如果進到浴場卻不遵守既定的衛生規矩（如先清洗身體再入浴池等），也會依情況被店主勸導，或直接請出浴場。

擁有共用大浴場的旅館，尤其是傳統溫泉旅館，絕大部分都是禁止有刺青的客人使用大浴場，這些旅館業者遵循的是《旅館業法》，其中有明確提及住宿者若有賭博或其他違法、鬧事行為的話，可拒絕其入住。過往有刺青等同於黑道分子，因此旅館禁止有刺青者入住、使用公共浴場是合理，且合法的行為。

但是，若這些旅館有提供非住宿者可單次入浴的服務的話（日本稱為「日帰り入浴」、「日帰り溫泉」），這時便需遵照《公眾浴場法》，只要客人沒有傳染性疾病，都能入內

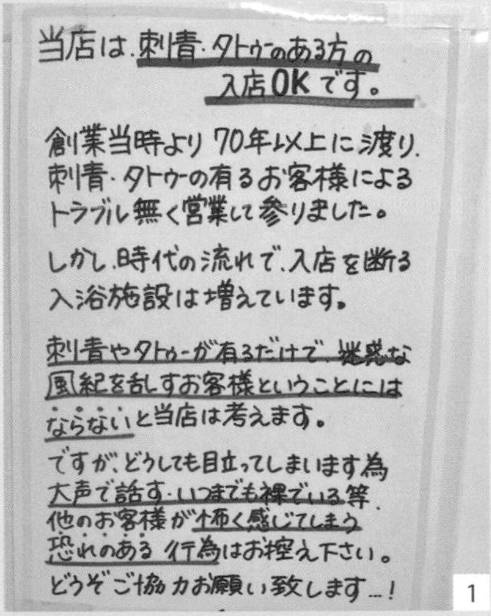
当店は.刺青・タトゥーのある方の
入店OKです。
創業当時より70年以上に渡り.
刺青・タトゥーの有るお客様による
トラブル無く営業して参りました。
しかし.時代の流れで.入店を断る
入浴施設は増えています。
刺青やタトゥーが有るだけで.迷惑な
風紀を乱すお客様ということには
ならないと当店は考えます。
ですが.どうしても目立ってしまいます為
大声で話す・いつまでも裸でいる等.
他のお客様が怖く感じてしまう
恐れのある行為はお控え下さい。
どうぞご協力お願い致します…!

1　小松家貼在入口處的公告，明文說明「有刺青也能入內」，因為有刺青不代表是會引發困擾的客人。

2　某超級錢湯禁止刺青客進入的告示。

土足厳禁
履物をお脱ぎ下さい
履物はロッカーをご利用下さい
入場禁止・入場規制
イレズミ、タトゥーのある方の
ご入場・ご利用をお断りいたします
泥酔した方、暴力団の方
及び他のお客様にご迷惑となる方の
ご入場・ご利用をお断りいたします
青森まちなかおんせん
お客様へ
再入浴は
お断りしております

使用大浴場。話雖如此，相信有到日本溫泉地體驗過日歸溫泉的話，還是會發現那幾個大字——「刺青禁止入浴」（入れ墨、タトゥーの方は入浴禁止），因為雖有明文規定，但最後的定奪依舊是在業主手上，所以要不要讓刺青客進入浴場，完全是店主的決定。

阿梅說，過去覺得有刺青的就是道上兄弟，怕惹來不必要的麻煩，怕嚇到小孩（前胸後背整塊刺龍刺鳳刺鬼神），更怕周遭眼光，所以許多店家會禁止刺青客進入。

隨著時代改變，越來越多人會在身體紋上圖樣，非關道上兄弟與否，刺青僅僅只是藝術品，但在日本尚不能全盤被接受。溫泉與超級錢湯是絕對禁止刺青，但一般錢湯，據我所知有不少是歡迎刺青客的，就東京而言，台東區、大田區、荒川區、北區等下町區域的錢湯，多半沒有刺青禁令，台東區更幾乎全面開放，淺草三社祭結束後的錢湯根本刺青博覽會啊（先生經驗談）！自己在關東其他地區、關西、東北的經驗也是沒有禁止，小松家更是一直貼著公告聲明「有刺青並不會造成任何困擾。」

因為說到底，有刺青真的不代表什麼。

阿梅家眾多刺青客人中，有一位特別令我印象深刻。一般刺青多在被衣服遮住的軀幹，比較明顯會在脖子、手臂或小腿，但這位客人是在臉上，是在額頭、雙頰、下巴各刺上了單個文字，而且都是與排泄物有關的字。原本我以為：應該是個特異獨行，覺得這樣很酷的人吧～

京都府「サウナの梅湯」老闆「湊三次郎」，是第一個告訴我沒有法律禁止刺青客進入公共浴場的人。

サウナの梅湯二樓甚至是一間刺青店「狐や」，全身刺青的老闆還是梅湯常客。

早些泡完的他在大廳等著女友，我們後來聊了起來，言談之中發現，他是位斯文有禮的人，於是我好奇地詢問了刺青的事。他笑笑地說，這是以前被欺負時被迫刺上的，雖然有打上官司，但這些刺青也消不掉了，現在的公司不在意，只是上班時還是得化妝遮掩。這樣的他也有一位恩愛女友。「總有一天我會向她求婚的！」在女友出來前，他信誓旦旦地跟我說。

小松家也有好幾位常客，背後一整片五顏六色，但是他們在浴室中就是守規矩地好好洗澡，不占位、不大聲喧嘩，洗完後都會跟店家打招呼，說聲謝謝招待。

日本三重縣有座我很喜歡的錢湯「一乃湯」，不僅歡迎刺青客，更允許客人攝影內部，只要不要拍到客人就好（此錢湯為特例，一般錢湯營業時間絕對禁止攝影內部）。「因為會造成困擾的不是拍照，而是不守規矩的人啊。」老闆說。

沒錯，有刺青不代表麻煩，在店家容許範圍下的攝影也不是問題，無視錢湯規則、在浴場洗衣染髮、大聲喧嘩跑跳的，才是錢湯真正的拒絕往來戶。

## 當我成了《神隱少女》中的小千

絕大部分時間，錢湯的時光都很和平，因為來這裡的客人的目標只有一個：就是好好洗澡（有些還會為了三溫暖）。所以店家營業時間時的工作內容也很簡單，就是打招呼、收錢、結束。偶爾會遇到一些小插曲，像是不穿內褲就跑出來問問題的阿杯（真人真事）、差點走錯浴室的客人、置物櫃鑰匙不見等，除了不穿內褲引起的騷動大了點外，其他小事打工仔都能輕鬆處理，不需輪到店主出馬。

偶爾會有例外，而有一個例外讓我印象深刻，即使現在回想，我也沒有能好好處理的自信。

這個例外發生在小松家，我在小松家的工作內容是維持環境整潔，也就是不斷拖地、吸地，其他還要洗毛巾、換地毯等，當然還包括了招呼客人，解決他們各式各樣的疑問。

那一天，我剛好在洗衣機旁，這時來了一個客人帶著一小袋衣服，所以我很自然地認為這是我們家客人，笑著打完招呼後就回到店裡。

過不久，這位客人走進店裡，手上拿著一張一〇〇〇〇日幣，我這才發現，他可能是住在山谷的人。

東京的錢湯幾乎都會設置投幣式洗衣機，客人泡澡前丟入洗衣，泡完後剛剛好可以拿洗乾淨的衣服，也是許多沒有洗衣機的租屋族的綠洲。圖為東京都墨田區「黃金湯」的投幣式洗衣空間。

在東京、關東地區，泡入錢湯大浴池前絕對需要先洗淨身體，關西則習慣先泡澡後再洗身體。圖為東京都品川區「新生湯」的露天浴池。

什麼是「山谷」？在東京都台東區東北部（大約是現在的東京METRO日比谷線的三之輪站、南千住站附近）過去稱作「山谷」（さんや），別稱為「勞動者的街道」（労働者の街）。第二次世界大戰後，日本進入戰後復興期，山谷區聚集了許多當日雇用勞動者（日雇い労働者），就是沒有固定工作，每天到工作發派中心撿當天的工作做。

隨著聚集越來越多勞動者，便宜的旅社也越來越多，讓這裡又多了個名字「ドヤ街」，「ドヤ」是日文「宿」（ヤド）的顛倒發音，不稱「ヤド」是因為這些所謂的旅社，其實都是勉勉強強可休息的地方，稱其是旅館還太過於稱讚。大阪的西成區就是知名度較高的「ドヤ街」。

而現在「山谷」這個地名僅當地人會使用，一些簡易旅館稍微整修後，增加了一些觀光、商務客，但大部分的旅館住民依舊多是老人家，附近也仍有不少遊民。

眼前這位客人有點年紀，大約五十歲後半，略長灰白的鬍子壓在口罩下，行動有點不便，講話也不是很流暢，雖然衣服不是所謂乾淨，但沒有異味與大塊汙漬，反而是腳上的長指甲比較引人注目，加上剛剛見到他來洗衣服，「是客人。」我心裡依舊這麼想。

他拿著一〇〇〇日幣到櫃台，我心想：「啊，可能是要換零錢投洗衣機」，於是帶他走出店外，教他使用自動售票機換錢，而這時的社長婆婆拿起了電話。

換完零錢，我聽到客人說：「這樣就可以洗澡了嗎？」我才發現我誤會了，正要跟他講如何購票時，社長婆婆快步走了出來，對客人說：「你不行進來！你太髒了，不行！」一邊說一直將他推出店門，當下我是傻了。

沒想到，這位客人過不久再度回來，試圖想要購票，社長婆婆再次打了電話後衝出去，加大聲量地說：「你不行，你太髒了，先回去弄乾淨再來！」

而這次現場除了我，還有其他數位客人，跟我一樣，臉上充滿愕然。

再度被社長婆婆拒絕的客人，看了我幾秒後默默離開。那個眼神寫滿了：我怎麼了嗎？為什麼我不能進去呢？

短短幾秒，卻讓我內心糾結不已。

客人離開後，婆婆立刻要我噴酒精擦過客人踩過的每一個角落。這在我心上又是一擊。

後來問了婆婆，她說剛剛那人太髒，進來的話會給其他客人帶來困擾，所以不行。剛剛的電話也是要叫長男小松來趕人。

「他應該是住在山谷的吧？」

「對啊，他年輕時有來過幾次。」

「山谷的旅館沒有附浴室嗎？」

「有啊，可是很小所以很多人會來錢湯，雖然住山谷，但很多人還是很愛乾淨的。」

「那如果他弄乾淨就可以進來了嗎？」

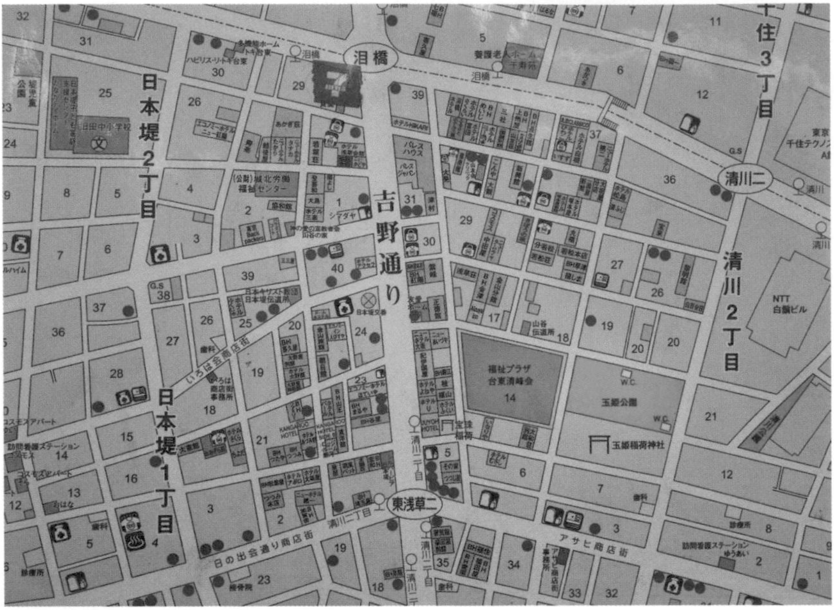


東京都「山谷」地區地圖，標示橘色與粉色的地方為簡易旅社，還有特別標出錢湯與投幣式洗衣機位置。

「他應該不會再來了吧。」

因為想洗乾淨才來錢湯，但卻被以不乾淨為由而被拒絕，刺青可以不乾淨不行。

當天打工結束後，我心裡充斥著無限矛盾與難過情緒，因為我忘不了那個眼神。在我洗澡時我突然驚覺，這場景不就跟《神隱少女》一樣嗎？

《神隱少女》中，因為被傾倒過多垃圾，而被認為是骯髒腐爛神的河神，為了洗去一身汙穢來到油屋，卻因為太髒而不斷被要求離開，但河神依舊闖關，湯婆婆與小千也就只

現在山谷的依舊有遊民出沒，一晚二〇〇〇多日幣的簡易旅社也多半是老人家居住。

好接待他，最後河神成功淨身，留給了小千神奇糰子。

可是在我的現實是，山谷客人沒有闖關成功，婆婆也不是有禮貌地拒絕，最後當然沒有神奇糰子。

「可是不能說婆婆有錯喔～」阿梅說。幾天後到阿梅家上班，對這件事耿耿於懷的我跟阿梅聊了起來。

阿梅家不會拒絕山谷的客人或遊民，畢竟他們有付錢也有入浴的權利，而且如果政府相關機關知道你不讓遊民入浴，也會打電話來「關心」，但是如果可客人看起來太髒、有味道，阿梅會跟著進浴室，確認對方好好洗乾淨再進浴池，如果沒有，阿梅也會請他離開。但所謂的「髒」的基準取決各個錢湯，並沒有一個確切的規定，甚至有錢湯是直接公告「在街上生活者不許進入」，網路上也有不少針對「遊民入浴」討論，意見也是一半一半。有個案例是，有人在洗完澡後才發現剛剛一起泡澡的人似乎是遊民，因此上網詢問這樣是可以的嗎？

堅持不行的人說，遊民就好好去遊民可以洗澡的地方（救助所之類），錢湯店長真不應該。

覺得可以的人說，他們有付錢，店長也允許的話當然沒問題，不然你可以選擇去別間錢湯。

有朋友曾遇過，突然有兩個身體異味較重的人進到浴池後，原先在浴池的人全數起身離開。

的確，客人有選擇錢湯的權利，錢湯當然也有選擇客人的權利，我可以理解社長婆婆是為了其他客人才做出如此選擇，只是我以為有更好的勸退方式。

「錢湯世界果然很難啊～」我說。

「是商業世界很難啊～」阿梅說。

而那位客人如社長婆婆所言，直到我在小松湯打工的最後一天，再也沒看過他的出現。

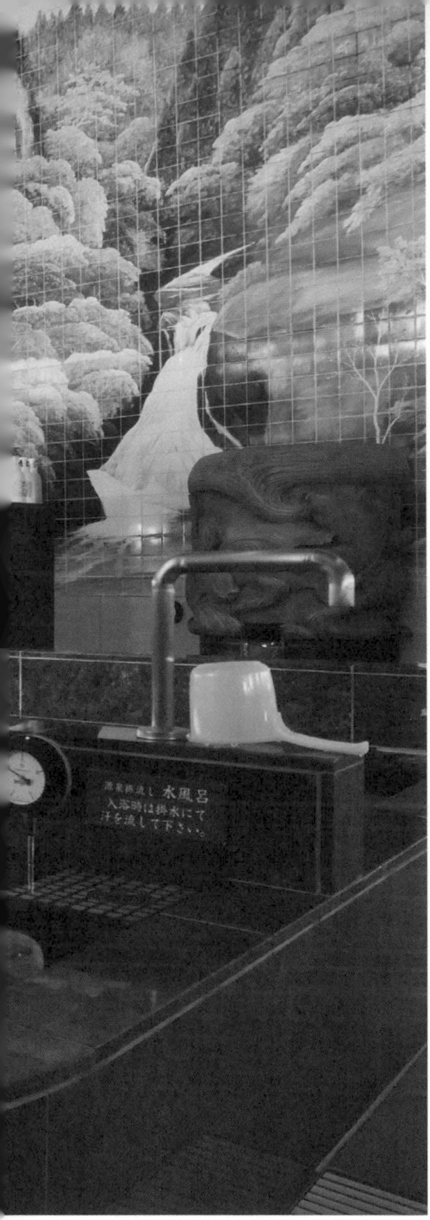


# 錢湯的重生與轉型

# 當代的錢湯

## 錢湯的起源

飛鳥時代（西元六至八世紀）佛教傳入日本，當時的寺院設有專門浴室，提供僧侶洗滌，就是我們熟知的「淨身」，以乾淨的身心參與習佛，此時清洗身體的出發點為「宗教」，後隨著佛法宣揚，一般百姓也逐漸認識到「淨身」一事，許多寺院會開放浴室讓百姓使用，即為「施洗」，被視為日本入浴文化的起源。現存最古老的寺院浴室為奈良東大寺的「東大寺大湯屋」。

根據文獻記載，據信在平安時代（西元八至十二世紀）的京都便有付費使用的公共浴室出現，而在隨後的鎌倉時代（西元十二至十四世紀）付費浴室開始增加。時間來到室町時代（西元十四至十六世紀），這時的京都街道已存在不少付費浴室，使用者為平民百姓（武家貴族擁有自己的浴室），浴室主流則多為「蒸氣浴」（蒸し風呂），進入大量水蒸氣的空間中停留，讓身體發汗，類似現在的蒸氣三溫暖，這種類型公共浴場稱為「風呂屋」，使用熱水的公共浴場則稱為「湯屋」，後者即現在所說的「錢湯」。

錢湯雖然是發祥於關西，但現今大眾熟悉的錢湯文化則以「江戶」為主，江戶子熱愛錢湯的印象更是深植人心。

江戶（現在的東京）的第一座錢湯，據信是在天正十九年（一五九一年）於現在的千代田區日本銀行本店附近創業，大受好評而讓江戶錢湯數量一口氣成長，十年後的江戶，到處都可以看見錢湯。

江戶時代（西元十七至十九世紀）的錢湯，已是民眾生活中的一部分。在這沒有瓦斯電力的時代，想要熱水只能乖乖用柴燒，但江戶的精華可是「火災與吵架」（火事と喧嘩は江戶の華），火災頻繁發生，為降低「精華」發生率，當時不允許一般民眾設置私人浴室，但其實庶民也沒那個財力，能夠擁有家用浴室的只能是有權有錢的武家貴族與富豪商人，錢湯便成為庶民的唯一選擇。大量的需求造成錢湯的興盛，江戶發祥的錢湯文化也漸漸往全國各地流行。

## 錢湯的消失

許多媒體、文章都會以「在地居民的日常」形容錢湯，尤其是日本觀光相關媒體，總是說著走一趟錢湯，可以體驗當地的日常生活，原先我也曾如此以為，但當我成為打工仔，真正看過錢湯業界後，我能告訴你——完全不是這麼一回事。

翻開二〇二二年日本厚生勞動省公布的最新衛生行政報告，截至令和三年底（二〇二一年），全日本錢湯數是二八一五間（私人營業）。全國錢湯數量最多的東京，在錢湯鼎盛年的昭和四十三年有二六八七間，昭和五十年（一九七五年）後開始每年遞減至今，令和四年（二〇二二年）十二月底的統計資料是四六二間，每一個月都有一至兩間錢湯結束營業，若是加上日本其他區域，二〇二二年日本全國消失的錢湯至少有三〇間。

錢湯最初的原型是寺院中的浴室，現存最古老的寺院浴室為東大寺的「東大寺大湯屋」（未開放）。圖為東大寺大佛殿。

京都府福知山市「櫻湯」，因設備老化結束營業。

造成這樣的原因是家用衛浴的普及。昭和四〇年代是錢湯的鼎盛時代，根據日本全國錢湯公會的資料，昭和四十三年（一九六八年）是加入公會的錢湯數最多的一年，有一七九九九座，若是包含未加入公會的錢湯，據信當時錢湯數高達二〇〇〇〇座。

但昭和四〇年代同時也是日本家用衛浴逐漸普及的年代，據統計資料顯示，昭和三十八年（西元一九六三年）家用衛浴的普及率已達到六成，二〇〇八年來到九成五，錢湯的數量也隨著開始遞減，二〇一二年，日本錢湯總數跌破四〇〇〇。

目前錢湯的主力顧客，是五十歲以上民眾，而且多為住在附近的熟客，這些人經歷過家用衛浴尚未普及的年代，所以對他們來說，每天到錢湯洗澡是日常，即使現在家中有衛浴了，還是習慣來錢湯。二〇二一年，我前往愛知縣瀨戶市的「日本鑛泉」，參與它的最後一天，在這裡我遇到一位近九十歲的婆婆，婆婆告訴我，她從小時候每天都來這裡洗澡，除了公休日才會去其他地方，「這裡是好錢湯啊！」婆婆說，問她那之後這裡不營業後怎麼辦了呢？婆婆回答：「還有另一間錢湯，我可以去那邊。」婆婆完全沒有考慮在家洗澡這個選項。

而對二十幾歲的年輕人而言，出生於家家戶戶擁有衛浴的時代，要洗澡在家裡洗就好，諷刺的是，他們有可能特地相約去超級錢湯，但卻沒有想過踏入街道上那小小的錢湯。當然這不能怪年輕世代，畢竟時代背景不同，錢湯也不如以往隨處可見，超級錢湯設施豐富具吸引力，對他們來說，到錢湯洗澡一事是「非日常」。

## 錢湯的困境

家庭衛浴的普及造成來客數減少是大環境因素，造成錢湯消失還有幾個個別因素。

錢湯宣布結束營業時的理由就那幾個：建築設備老舊、經營者身體到達極限，當然也

東京都文京區錢湯數量變化，紅色點點為錢湯，明治時期曾有高達五十八座，二〇二二年僅剩五家。

有什麼都不說的時候。

前面有提到，現存錢湯多是傳承三代，經營六十年的老錢湯，建築、設備也一起走過數十年頭，反覆修修補補，總有一天要面臨整組打掉，全面更新的日子，而許多錢湯就會在這一刻選擇結束營業。

原因很簡單，鍋爐設施、建物浴室等若要整修更新，勢必要花上一筆可觀的費用，幾十萬，甚至幾百萬以上日幣無可避免，但這筆費用可能花上好幾年都補不回來，因為來客數早已不如

二〇二一年三月結束營業的愛知縣瀨戶市「日本鑛泉」與最後的客人。

從前。而為什麼不在客人日漸減少時關門，大多是為了那幾位作伴幾十年的老顧客，只要他們還會光臨的一天，只要鍋爐還能燒熱水的一天，即使只有一、兩位客人，錢湯依舊會準備好溫暖大浴池，等待他們的到來。

另一個原因是經營者身體不堪負荷，現在仍有許多經營者是七十歲以上長者，而其中有不少是獨自一個人撐起整座錢湯，意思就是他們是一個人燒水、一個人開店、一個人掃錢湯，回想一下前面分享的掃錢湯細節，你就能想像一個人開錢湯是多麼辛苦的事。而他們也沒有打算請人幫忙，畢竟現在賺的錢根本請不起，即使很累，但他們還是期待掛上暖簾，與光臨的熟客話家常，所以他們一撐再撐，直到他們撐不下去的那一天。

錢湯是家族企業，父傳子、子傳孫，幾乎不讓外人插手，所以很多人在看到「經營者身體不堪負荷」這個關店理由時，直接聯想到「後繼無人」，事實上，很多時候不是後繼無人，是有人但當家不願讓這個人接手。

在錢湯興盛的時期，父母、子女都覺得下一代接棒理所當然，但隨著經營日漸困難，上一代便不會強迫子女繼承，甚至還會勸退他們。

我曾經問過阿梅與小松下一代繼承的事。阿梅家有三個男孩，最大的已經滿二十歲，偶爾他們會一起幫忙掃錢湯。阿梅說，他不想讓孩子經營錢湯，「因為太累、太辛苦。」即使小孩有意願，他也會說服他先去找別的工作，開開眼界，若是真的想做再來聊。

小松家的長男還是高中生，談接班還太早，「前提是他要有興趣，」小松說：「但是我還能做很久啊哈哈！」

另一間錢湯第四代店主則很直接地告訴我，家族產業的錢湯將會結束在他手上，「這是跟不上時代的買賣啊。」可是他不會說關就關，而是會努力到最後一刻。

不知道為什麼，我現在接觸過的錢湯家族，家中成員都很多，這是好事，也是壞事，好事是繼承者存在機率大增，壞事是人人都想分一杯羹。

前面提到，雖然有很多錢湯經營狀況不好，但老實說，在過去都是大賺好幾年，只要有好好管理運用，即使現在不賺，生活也過得去。且錢湯的土地都是屬於經營者家族，浴室、脫衣場、鍋爐室，外加經營者自家通常就在錢湯正後方，這些建築所在的土地加起來面積廣大，在寸土寸金的東京隨便都能賣個好幾億，這時，家族成員人多嘴雜，談不攏而造成錢湯結束營業的例子也有聽說。

喜愛錢湯而想要經營錢湯的年輕人其實也有，但是錢湯家族的排外性之高，讓有熱情的外人難以加入。某座錢湯老闆曾跟我分享一個例子，一位錢湯同業因身體不適想退休，但又捨不得結束家業，於是他聯絡在外打拼的兒子，希望兒子能回來接班，而他會將錢湯整個翻新，讓兒子能有好的工作環境，兒子答應了，錢湯同業高興地聯絡業者，將錢湯整理得漂漂亮亮，等待兒子回家那天。

錢湯的心臟，鍋爐設施。

自覺時間到了，毅然決然結束錢湯的京都「錦湯」（左）與秋田縣能代市「巴湯」（右）。

擁有「錢湯之王」美名的東京都足立區「大黑湯」，建物老舊甚至從浴室天花板落下木頭，所幸沒有人受傷，但也成為錢湯結束營業的最後一根稻草。大黑湯已於二〇二一年結束營業並拆除。

但是後來兒子反悔，不願接手錢湯，同業非常失望，難過地宣告錢湯結束營業。

我問老闆，為什麼不問問其他想接手的人呢？現在有很多人想經營錢湯啊，老闆說：「因為他不想非家族的人接手啊。」同樣的事問阿梅，他也回答絕對不要，因為錢湯就等於自己的家，把自己的家給毫無關係的人，不可能。

## 經營世代，老中青大不同

東京現存的傳統錢湯大多傳承過三代，有些甚至第四代、第五代，有些錢湯並非家族經營，而是轉手由毫無關係的年輕人承租繼續營業，經營者的世代因此橫跨老中青，想法、作風也大不相同。

老世代（六十歲之後），他們最懂錢湯精神，大部分人生經歷了錢湯最繁榮的年代，對經營錢湯有不可妥協之堅持，較難接受新事物，難以讓與家族毫無關係的外人來接手錢湯。曾有老世代錢湯主（還不止一位）親口跟我說：「有三溫暖的錢湯都不是錢湯，錢湯就是洗澡的地方。」也有老世代表示，三溫暖客人的禮儀都很差，因此在重新整修時，直接刪去了三溫暖設施，即使現在是三溫暖熱潮，可以增加營業額，老世代也只溫和不失禮地說：「歡迎去其他有三溫暖的錢湯。」

阿梅與小松都算是中世代（四十歲後半至五十歲後半），他們都曾踏出錢湯，從事其他領域行業，是見過世面後才回來的錢湯之子，比起上一個老世代，他們深知錢湯經營細節，見證了錢湯業界的過去的繁榮，為了改善轉入衰退的現況，他們處理事情的彈性高，更容易接納新事物，嘗試新作法，但不失錢湯的傳統精神，是現在錢湯界的主力。

青世代（四十歲以下），錢湯業界走下坡時誕生的世代，多數沒有被家族要求過經營錢湯，都是在外奮鬥過後，出於自己意願而繼承家業，有些則是非錢湯家族出生，但熱愛錢湯，想要拯救衰退的錢湯界而跳進來——這樣的青年有逐漸增加的趨勢——他們是沒有任何包袱，作風最有創意，最容易吸引年輕顧客的世代。如在脫衣區做瑜伽、邀請一家大小到浴室塗鴉後再一起打掃等，在其他世代眼中看起來奇怪無用的嘗試，卻是他們試圖打出一片天的努力。

當然以上只是個大致參考，各個世代還是有特殊案例，這也成為造訪錢湯時的樂趣之一，我都會盡可能搭訕錢湯經營者（以錢湯打工仔身分作開場後，總能換到對方掏心掏肺、大聊特聊），言談之中就能發現，雖然各自做法不同，但想讓錢湯更好的心情是同樣的。

經歷過錢湯榮景的老世代堅持，錢湯就是好好洗澡的地方！追求什麼三溫暖？他們對水的要求特別高，會在水溫調節上花費許多時間心力，也會為了讓客人更享受泡澡而花上小心思。

小松家的按摩服務價格表，很多人一進門就先預約時間，泡完澡後直接享受按摩，十分受歡迎。

中世代經營者對三溫暖接受度高，樂意以新增三溫暖增添營業額，也願意設置大型休息空間販售餐飲，或是按摩服務等多元化服務。

## 新血注入，然後呢？

現在有不少錢湯的新任經營者就是毫無關係的外人，他們很幸運地遇到願意放手的錢湯家族，也對經營錢湯充滿熱情，但這又出現了另一個問題。

這些新任經營者通常都很年輕，大約二十歲後半至三十歲後半，他們基於喜愛錢湯，想要保留錢湯，所以跳下來親自努力，他們看到了錢湯的美好，但沒有看到痛苦的那面。

錢湯家族經驗代代相傳，等於從小開始的每一天就在學習錢湯大小事，但是這些年輕經營者不是，所以他們會碰上很長一段撞牆期，包括熟客流失、經營虧損、強度極大的肉體勞動等，最痛苦的，莫過於所有時間都綁在錢湯。說走就走的旅行？不可能；跟朋友聚會吃飯？想得美。所以若是有外部人員想經營錢湯，錢湯業者都會建議先從打工做起，先近距離瞭解錢湯工作內容，也能跟業者搏感情，一段時間後確認自己依舊屬意錢湯的話，一切都會變得比較好談。

## 矛盾的錢湯愛好者

可能是受到昭和懷舊風（昭和レトロ），加上不少漫畫、戲劇等娛樂產業推出了許多錢湯相關作品，二〇一五年開始，日本興起了一股錢湯熱潮，年輕世代重新認識到錢湯，誕生了不少年輕愛好者，他們有些如前面所提，視錢湯為直愛，於是跳進業界試圖拯救它；有些則單純喜愛錢湯，包括到錢湯泡澡、研究建築壁畫等，各有各的喜愛理由。他們也會分享不同錢湯的造訪經驗，更會嘆息錢湯消失的遺憾，但有時候，他們卻又充滿矛盾。

二〇二一年八月一日，東京都內錢湯入浴費調整成人單次入浴費，調整多少？一〇日幣。但這區區一〇日幣引起部分錢湯愛好者激烈討論。

日本全國錢湯的入浴費由各地錢湯公會決定，因地區而有所不同，有加入公會則得依規定費用收費（沒加入的可以自行定價，但這樣的錢湯只有極少數），現在全日本錢湯的收費範圍在三五〇至五〇〇日幣之間（九州佐賀縣為二八〇日幣，但錢湯只有一家）。

東京錢湯前一次的調整是在二〇一九年十月一日，從四六〇日圓幣調漲為四七〇日幣，是自二〇一四年來睽違五年的漲價，而距上次調整還未滿兩年，二〇二一年再度漲價成四八〇日幣，部分錢湯愛好者質疑：調整速度如此之快，是不是馬上就要超過銅板價五〇〇日幣？

這些人認為，現在前往錢湯的人已經不多了，繼續調漲價格只會讓使用者卻步，五〇〇日幣是一大門檻，他們主張應該由錢湯業者應開發副業收入，政府應提供補助金，支援錢湯文化才是。

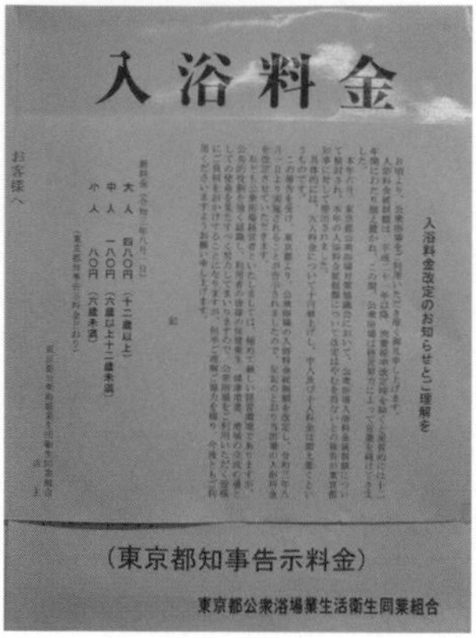
入浴料金
（東京都知事告示料金）
東京都公衆浴場業生活衛生同業組合

二〇二一年，東京錢湯公定價調漲為四八〇日幣，引發部分錢湯愛好者質疑調漲太快太高的討論。

打工仔看到這些言論，覺得實在可笑。開發副業？我想不只是錢湯，只要是經營店鋪的人都知道，光本業就忙得要死了，哪有時間想副業？有開發周邊販售已經算是錢湯能做的最大努力。

都知道現在去錢湯的人是少數派了，不漲價難道要他們降價嗎？降價跟家用衛浴競爭？覺得價格調整速度太快？很抱歉，這也不是東京錢湯公會願意的。價格調整是反應原物料成本價格，也就是最花錢的電費、熱能，這些是由政府專家與公會討論，預想原物料未來可能的變動，共同做出的決定。開店總是有成本，錢湯唯一的優勢是不需要庫存（水、電等都是要用時再打開開關就好），且其實查看公布的會議報告即可知道，若依正常計算，二〇二一年東京錢湯應該漲價四二日圓才對，漲價一〇日圓已經是極力壓制的結果。

但這個努力的結果在二〇二二年破功。二〇二二年二月俄羅斯與烏克蘭戰爭發生，造成瓦斯、石油、電力等能源成本一口氣飆升，讓需要以這些能源製造大量熱能的錢湯業首當其衝，成本是去年同期的兩到三倍甚至以上，讓各地錢湯都紛紛表示極為辛苦。

1

2

3

1 二〇二二年東京錢湯公會舉辦的錢湯愛好者交流會「銭湯サポーターフォーラム」中，主持人詢問在場的十位錢湯經營者，若使再次選擇，你會願意經營錢湯嗎？十位之中只有一位舉手說會。

2 每年錢湯愛好者交流會「銭湯サポーターフォーラム」都會表揚當年度錢湯造訪數達四四〇間的錢湯愛好者。

3 在錢湯愛好者交流會「銭湯サポーターフォーラム」購買錢湯相關周邊的愛好者，大部分的攤位都不是錢湯業界人士，而是個人商店業者。

於是在二〇二二年七月十五日，東京錢湯公會再度宣布調漲入浴費成五〇〇日幣，這次不同於之前兩次只調整成人入浴費，這次連中人（六至十二歲）、小人（未滿六歲）也都一起調漲二〇日幣，成為二〇〇日幣與一〇〇日幣，這是自二〇〇〇年以來，睽違二十二年的漲價。

不到一年，東京錢湯再度宣布漲價，本來我以為，那些高談闊論的愛好者們是不是又要開砲了？

結果沒有。與之相反的，對於這次的調漲，大部分的人都是覺得也只能這樣了（仕様がない）。畢竟戰爭影響鐵錚錚地擺在眼前，萬物皆漲，沒理由錢湯不能漲。

不只東京，神奈川、愛知、岐阜現在的單次入浴費也是五〇〇日幣，而從二〇二二年十月～二〇二三年四月，北海道、京都、千葉、埼玉、廣島、岡山、新潟、兵庫、青森等二十二個地區的錢湯全面上漲二〇～四〇日幣，離五〇〇日幣也只差臨門一腳。

但對錢湯業者來說，現在入浴費調漲，其實對業者來說是兩極。漲價二〇日圓，對來客數多的店而言，或許不無小補，但那些客人本來就少的店，很可能沒有太大意義，也有可能客人會選擇去更大更新的錢湯，畢竟同樣價錢，追求高ＣＰ值很自然。事實上，因為漲價而客人減少的錢湯不在少數。在能源宣布漲價初期，我便問過了一輪身旁熟悉的錢湯店家，他們的反應完全一樣：成本很高很辛苦，而且就算戰爭結束，他們也不覺得會有改善。

小松說：「我真的不知道這漲價有沒有意義。」

阿梅說：「現在錢湯就是划不來的生意，要倒了啦要倒了啦～」

這是我第一次聽到他們倆如此不知所措。

為了因應高電費，許多店家調整營業狀況，縮短每天營業時間、一週改為兩天公休等，也有遇到惡劣天候毅然決然選擇不開門，甚至直接宣布暫時休息一段時間的店家，所有對策只為能努力將錢湯好好經營下去。但是，二〇二三年，東京電力已宣布六月份開始會調漲一六%的電價，東京錢湯業界人人風聲鶴唳——果然就如眾人所預料的一般，東京都浴場組二〇二三年六月十五日起調漲了共通入浴券的價格，並在二〇二三年六月二十一日宣布，二〇二三年七月一日起，東京都成人單次入浴價格調整為五二〇日幣，成為全日本單次入浴價格最高的都道府，而決定結束營業的錢湯想必也會隨之增加，錢湯的嚴苛經營依舊沒有盡頭。

燃料費只升不降的狀況下，許多錢湯只能調整營業時間應變。

# 各式各樣的錢湯打工仔

現今的錢湯界的確走著下坡，但也確實有許多保留錢湯建築或文化的嘗試，也有不少做出成果的新血注入。他們各憑本事與對錢湯源源不絕的愛，讓錢湯消失的速度，稍微趨緩了些。以下介紹幾個極具代表性的打工仔團體。

## ゆとなみ社

ゆとなみ社是由人稱「錢湯風雲兒」的湊三次郎所成立的錢湯集團，目前經營著六間錢湯，分別為京都「サウナの梅湯」、滋賀「都湯」、滋賀「容輝湯」、京都「源湯」、大阪「みやの湯」、愛知豊橋「人蔘湯」，二〇二三年將再重啟、接手三間錢湯，特別的是，這些錢湯的現任經營者都與前經營者無親屬關係，他們都是因喜愛錢湯而轉身投入的錢湯接班人。

現年三十二歲的湊三次郎出身靜岡，學生時代就熱愛錢湯，至今巡禮過日本數百間錢

「錢湯風雲兒」的湊三次郎，背後是他第一間接手的錢湯京都「サウナの梅湯」。

湯，大學時來到京都就學，同時也開始在錢湯打工，地點就是他日後接手經營的「サウナの梅湯」。

湊三次郎不是沒有想過擁有自己的錢湯，所以在得知サウナの梅湯要結束營業時，正好考慮離職的湊三次郎立刻前往，向前店主表明想要讓錢湯繼續的心意，後來他順利承租了店面，野心勃勃地想要在錢湯界闖出一片天。

二〇一五年，懷抱著無限熱情與對未來的樂觀，湊三次郎開始重振サウナの梅湯，然後就像一般錢湯經營新手一樣，碰到了定番難關：一人經營、沒有客人、資金不足。最初的一年他是以錢湯為家，天天睡在錢湯大廳，他天真地以為只要有熱忱有決心，一定能復活サウナの梅湯，可是他還是太小看了錢湯困境，加上サウナの梅湯之所以會選擇結束營業，就表示面臨了難以解決的問題，湊三次郎第一年的錢湯人生，完全被KO完敗。

經過無數次摸索、失敗，接手錢湯第二年，營業狀況終於有改善，加上嘗新許多新企劃，包括廣受好評的「早晨錢湯」（朝風呂）客人變多，有經費可以招募員工，到了第三年，敢於嘗試、策劃新活動サウナの梅湯漸漸打響名號，成為全國小有名氣的錢湯，尤其是在年輕族群之中。

サウナの梅湯的成功，讓湊三次郎信心大增，希望以此歷程為範本，找尋跟他有同樣理念的人，協助錢湯新生。

回首サウナの梅湯的第一年，湊三次郎直言自己真是無知得可以，自以為滿腔熱血就能解決一切問題，但也因為有這樣的經驗，讓他在指導新人時更加順利，畢竟自己就是這樣走過來的。

現在ゆとなみ社除了復活了六間錢湯，湊三次郎的弟弟湊研雄也外派到東京，協助東京都北區老錢湯「十條湯」的經營，這對錢湯活動家兄弟檔，抱持著「絕不讓錢湯從日本消失」的理念，在拯救錢湯的路上，繼續努力。

## 県境なき目地団

這也是由錢湯愛好者聚集成立的團體，主導人是松本康治與德永啟二，兩人可說是愛好錢湯成痴，以神戶為根據地的松本康治走遍全日本各地，泡遍無數錢湯、拍下無數照片，出版了三、四本錢湯相關著作，他特別喜歡那些古老錢湯，而這些錢湯有許多在松本康治拜訪過後不久，即宣告結束營業，有些甚至連建築都拆毀，於是松本康治拍攝到的豐富照片與業主對談紀錄，對錢湯文化研究可為功不可沒。

住在京都舞鶴市的德永啟二從事建築業，同樣也是四處造訪錢湯，活動範圍皆在關西地區的兩人，氣味相投，便以神戶、姬路、廣島地區為中心，開始了錢湯修繕之路。

2

1

4

3

1 梅湯的大廳擺有各式周邊，還有農產寄賣，看起來熱鬧無比的模樣，花了湊三次郎嘔心瀝血的三年時間才稍有基礎。
2 梅湯的熱源是燒木頭，因為便宜，但需花時間搜集廢棄木材。
3 與錢湯合作，經營者、經營權不變，僅是安排人員共同營運錢湯，是ゆとなみ社拯救錢湯的另一種方式。
4 湊三次郎與弟弟湊研雄，是日本錢湯界具代表性，非錢湯家族出身的兄弟檔。
5 松本康治（中間男性）與島風呂隊參加京都舞鶴「若の湯」的活動。
6 德永啟二（右邊粉紅衣服者），居住京都舞鶴，與松本一同四處修繕錢湯。

淡路島ハイボール
490
400
390円
300円
淡路島
ハイボール
路面電車で
風呂いこう!
AWAJISHIMA
IWAYA
扇湯
玉ねぎスープ
¥450
5

6

県境なき目地団花費自己的心力與金錢，讓老錢湯得以煥然一新。（松本康治提供）

兩人先是聚集了擁有同樣理念的錢湯愛好者，然後一起去整修錢湯，所謂的整修多為浴室內部，將浴池磁磚重貼、清理陳年舊汙等，讓錢湯的最重要的部分煥然一新，重點是，全部費用皆由大家共同分擔，不讓錢湯經營者出到一分一毫。

因為其實這整修工程，是松本他們主動、任性地想做，就連要整修哪座錢湯，也是松本一一調查後決定，通常目標錢湯都是來客減少且沒有經費翻修的錢湯，這些錢湯收到松本的詢問，大部分都是欣然接受，目前團隊整修了十幾座錢湯，經營者與客人對成果都很滿意。

除了整修，松本也參與企劃活動發想，甚至協助錢湯經營。位於淡路島的「扇湯」，就是在即將選擇關店時，被松本臨門一腳攔下，並召集人手成立「島風呂隊」，協助扇湯再度復活，二〇二一年，島風呂隊轉成「一般財團法人島風呂隊」，除了更加深入協助扇湯，也著手活化地方街區。

不過也有完全拒絕的錢湯，理由是不想讓外人插手，松本曾經拜訪某間被列為日本有形文化財的錢湯，當時錢湯已決定要結束營業，但松本覺得實在可惜，因此向對方提出了接手經營的懇求，但是對方鐵了心地不願意，松本也只能放棄。

「復古錢湯無法複製重來」（レトロ銭湯は二度と作れない），那些因歲月積累下來的美好，不是新設計、新建物可以比擬的，基於這個理念，松本一行人現在也努力地修復

温泉
ゆ
牛乳石鹼

位於淡路島的「扇湯」是松本另一個協助重點，現在更租借一旁的空間開起居酒屋，協助地區活化。（松本康治提供）

1/2 1 文京建築會ユース實地採訪、測量東京都文京區錢湯，留下許多現已消失錢湯的珍貴資料。
2 與「一般社團法人せんとうとまち」關係緊密的瀧野川稻荷湯。

錢湯，當然是自掏腰包囉。

## 一般社團法人せんとうとまち

這是年輕建築師與錢湯宅的團體，打工仔的好朋友（笑）。

與這群錢湯宅的相遇，是在二〇二〇年底的東京都北區「瀧野川稻荷湯」，當時請來了現存三位錢湯繪師之一的中島盛夫來重新繪製壁畫，且開放一般民眾參觀。要知道，通常錢湯壁畫重繪的時候，都是選在公休日那天關起門來畫，所以能看到作畫過程真的很寶貴。

於是打工仔當天一早就跳上公車，搖搖晃晃半個多小時，來到了瀧野川稻荷湯，也開啟了我與錢湯宅好朋友的緣分，成為每一個活動的幫手之一。

這群錢湯宅幾位主要成員是來自文京建築會ユース（「ユース」即為「Youth」），從日本建築家協會文京支部等的分支，以年輕建築師為主要成員的團體。由於有很多成員都熱愛錢湯，於是從二〇一二年開始，他們便以「錢湯」為主軸，實地採訪記錄東京都文京區現存錢湯，甚至在錢湯舉行各式各樣的活動，並發揮專業，為老舊錢湯進行建築避震診斷等。

菊水湯
月の
富士
歌舞伎湯
君の湯
ふく
大黒湯
文京建築会ユース
菊 水 湯

稲荷湯
小林
文

一般社團法人せんとうとまち的成員，由左而右分別為Sam Holden、江口晉太朗、栗生はるか、牧野徹、三文字昌也。（一般社團法人せんとうとまち提供，TADA攝影）

二〇一八年，這群錢湯宅與瀧野川稻荷湯相遇，與店主相談甚歡，開啟了日後一連串稻荷湯相關的保存活動，並在二〇二〇年成立「一般社團法人せんとうとまち」，聚焦於錢湯文化保存，包括錢湯再生協助、錢湯與社區的關係建立等。

他們先是促成瀧野川稻荷湯登錄日本有形文化財，並擬定了「稻荷湯修復再生計畫」（稻荷湯修復再生プロジェクト），此計畫在二〇二〇年得到美國「世界建築文物保護基金會」（WORLD MONUMENTS FUND）支持，獲得資金投入稻荷湯與相鄰長屋保存計畫。

這群錢湯宅好朋友的點子不斷，

左　「稻荷湯修復再生計畫」榮獲二〇二〇年美國「世界建築文物保護基金會」的青睞，獲得資金注入修復計畫。（一般社團法人せんとうとまち提供）

右　瀧野川稻荷湯登錄日本有形文化財，成為東京都第二座文化財錢湯。第一座為東京都台東區「燕湯」。（一般社團法人せんとうとまち提供）

二〇二一年，他們製作了史上第一台「錢湯山車」，將錢湯特有的破風、懸魚、番台、煙囪、暖簾、鞋櫃等，通通縮小重現在這山車上，而這些材料、設備，大多來自已經解體但曾經真實存在的錢湯們。

錢湯山車製作完成後，穿上活動法被、播著祭典音樂，我們在大太陽下與大雨中，推著錢湯走上東京街道巡行。這場巡行是個小小的祭典，標語是「為了紀念已消失的錢湯、為了祝賀仍存在的錢湯，為了錢湯而生的祭典」（今はなき銭湯を弔い、今を生きる銭湯を寿ぐ、銭湯のための祭りを），字字句句，打中錢湯宅打工仔的心。

1
2
3
4

6

5

7

1　運用以解體的錢湯建物材料所打造的「錢湯山車」。

2　主要製作者之一的雕刻師村田勇氣，正在雕刻錢湯山車的懸魚。

3　主要製作者之一的建築師內海皓平，專心調整錢湯山車的唐破風曲線。

4　主要製作者之一的都市設計師三文字昌也，為製作真實感十足的煙囪大費心力。

5、6　錢湯山車是組合式，平常可以拆卸保存。

7　村田勇氣所刻的另一個懸魚「錢湯蓮蓬頭」，下方把手真的可以轉動！

## 重生的錢湯

有時候，錢湯無法繼續經營，但是它可以以另一個形式重新復活，讓所謂「錢湯」繼續留存。

### 社區交流中心「松之湯交流館」

在青森縣黑石市，有座百年建築「松之湯」（松の湯），位於在黑石市知名景點「中町小見世通」（中町こみせ通り），這條老街保留了過往藩政時代的建築物，散發著濃濃

青森縣黑石市的「松之湯交流館」，是日本東北地區難得的錢湯建物活用。

江戶氛圍，因而入選為「日本道路一〇〇選」（日本の道百選），古色古香的松之湯在一旁毫不遜色，只是它不像老街上的店家，仍舊有活力，一九九三年松之湯正式卸下暖簾，現在的它只是靜靜地，站在那裡。

看見廣大的松之湯成為廢墟，在地居民十分不捨，因為曾經松之湯是街坊鄰居的聚集地，他們不只在這裡洗澡，還互相交流情報，是地方上不可或缺的存在，居民紛紛發聲，希望可以重開松之湯的大門。

於是在二〇一五年，松之湯重新整修，化作「松之湯交流館」，

重新規劃改造的「松之湯交流館」，擁有廣闊的座位空間，提供民眾自由使用。

活用原本廣大的場地，分隔出多個空間，包括榻榻米和式空間，讓街坊鄰居可以自帶飲食在此相聚閒聊；西式桌椅空間提供訪客休息，當然這些服務都是「免費的」。這裡同時也成為當地舉辦體驗活動、手作市場等的最佳選擇。

松之湯交流館雖然整修翻新，但依舊保留了錢湯痕跡，維持女湯浴室部分模樣，包含馬賽克磁磚浴池、蓮蓬頭等，這裡也放有許多過往的錢湯回憶，讓現在來此聚會、利用的人們別忘了，這裡曾經是座熱氣瀰漫的錢湯。

松之湯原有的女湯浴室部分空間被特別保留，除了可遙想過去泡湯的氛圍，也成為黑石市的情報展示中心，備有公用電腦使用上網。當時的番台也保留了下來，可自由攀爬入座。

## 錢湯咖啡廳「レボン快哉湯」

錢湯轉生成為咖啡廳，並不是什麼稀奇的運用，在日本各地都有相關案例，最知名的莫過於京都西陣，擁有華麗花磚牆的「さらさ西陣」，但在我心中，最完美的錢湯咖啡廳只能是「レボン快哉湯」。

「快哉湯」座落於東京入谷地區，一九二八年以錢湯身分開業，逃過一九四五年的東京大空襲，卻躲不過建築老去的命運，在二〇一六年結束了錢湯經營。但屋主不捨這棟建築就此死去，四處奔走諮詢下，終於在「NPOたいとう歴史都市研究會」與建設公司「株式會社ヤマムラ」的協助下，將九十歲以上高齡的老錢湯建築改造重生。

二〇一九年，快哉湯先是復活成為株式會社ヤマムラ的東京辦公室；二〇二〇年，為了讓快哉湯更有效活用，辦公區以外部分作為咖啡廳「レボン快哉湯」開始營業。

東京都台東區的「レボン快哉湯」，是我心中最完美的錢湯咖啡廳。

新生的快哉湯，過去的脫衣區成為咖啡廳客席（左），浴室則成為株式會社ヤマムラ的東京辦公室（右），也能租借為共享辦公空間。

重生後的快哉湯外觀遵循屋主意願，沒有太大改變，僅是將牆面打掉，讓原本藏在牆內的男湯女湯庭園外露，令外觀增添綠意。內部也保留完整錢湯格局，番台、大面鏡牆、木頭地板、磁磚浴池，還有那已過世的錢湯繪師早川利光繪製的富士山。

過去的更衣區是咖啡廳，浴池則是ヤマムラ的辦公空間。閉上眼睛，彷彿可以聽見嘩啦嘩啦淋浴聲，但睜開眼，只有壁畫留在現在時光（若想進入浴池區參觀壁畫，必須先向店員詢問，由店員帶領進入，禁止私自闖入打擾辦公）。

不僅是保留過去錢湯樣貌，經營者並延續錢湯作為地區居民交流中心的概念，將レボン快哉湯定位成「所有人」的咖啡廳。

個人覺得，快哉湯的變身非常成功，這一切都要歸功於接下改造大任的株式會社ヤマムラ。ヤマムラ社長父子皆為快哉湯常客，一家人對快哉湯有著深厚感情，也因此由身為建築師的兒子中村出親自操刀快哉湯的改造計畫。

左　極具意義的番台也好好留在原位，訪客可以爬上去感受錢湯店主的視角。
右　完整保留錢湯原有格局的改造手法，是我最喜愛レボン快哉湯的其中一個原因。

快哉湯是近百年的木造建築，要整體完整保存，最頭痛的當然就是「抗震」問題，改造團隊原先預計半年即可完工，結果花費了一年才完成。除選用大型木材補強整棟建築外，中村更打造大型木製書櫃，將新造廁所藏在書櫃之後，美觀且無違和感，不僅善用空間，還創造出更多實用空間，是中村得意的一手。

「壁畫保存」也討論許久。身為錢湯的靈魂之一，快哉湯的壁畫其實已經斑駁，還能瞧見上層顏料脫落後，蓋在下方的前一代壁畫，由於繪製這壁畫的錢湯繪師早川利光已去世，無法重新補修，且希望能保存早川繪師的筆觸，快哉湯沒有選擇另請其他繪師修補，而是控制溼度、減少接觸，儘可能保護現在的斑駁模樣。早川繪師的作品現已所剩無幾（或是已經有請其他人部分修補過），只有早川繪師的作畫痕跡，且如此小心完整保存的，大概只有快哉湯了。

快哉湯改造大功臣，株式會社ヤマムラ的建築師「中村出」。

新增的大型木造書櫃隱藏男女廁所，與快哉湯原有格局、氛圍完全無違和感。

快哉湯的錢湯壁畫，是已逝錢湯繪師「早川利光」的作品，也是其在東京都少數受到保存的作品。

壁畫其實有許多地方脫落，可以窺見下方前一副作品的樣貌，如何防止油漆持續剝落是一大挑戰。

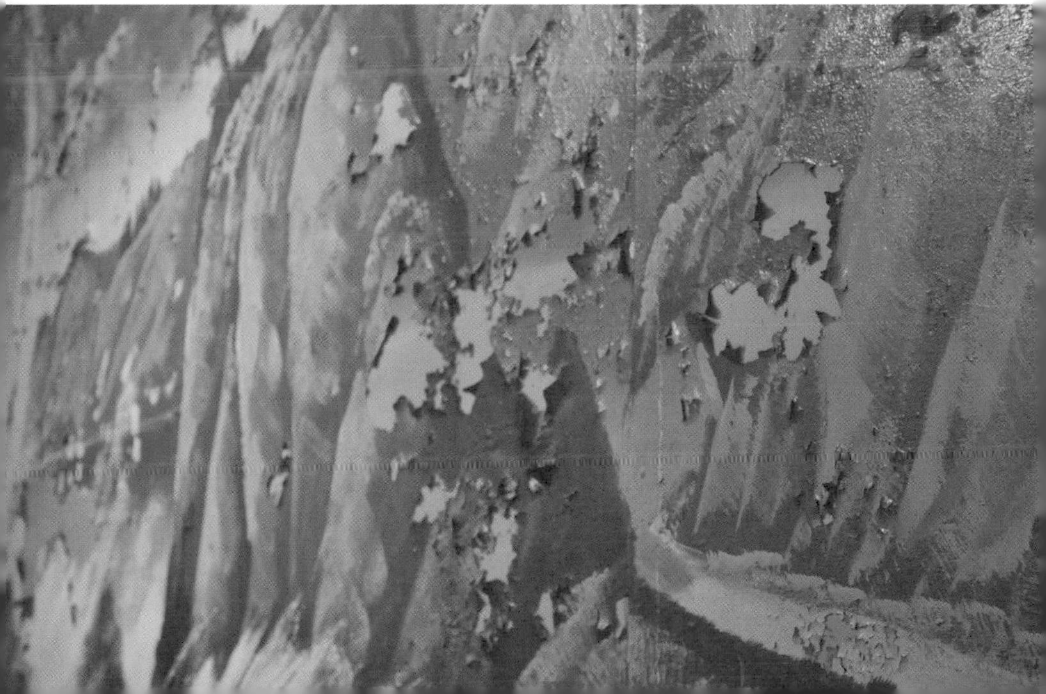

## 現役錢湯+多功能空間「瀧野川稻荷湯」

錢湯宅好朋友「一般社團法人せんとうとまち」的「稻荷湯修復再生計畫」，終於在二〇二二年六月宣布完成。

所謂的「稻荷湯修復再生計畫」，計畫內容包括整修瀧野川稻荷湯建築內部、外觀修復、加強避震等，最大的重點，是將與錢湯相鄰的長屋大改造。長屋是從其他地方移築至此，建築物的歷史比稻荷湯更久，據估計超過百年，過去曾作為錢湯員工的宿舍，後來淪為雜物倉庫，錢湯宅好朋友覺得十分可惜，於是再經過瀧野川稻荷湯家族同意後，計畫將荒廢已久的長屋改造成活動空間，將錢湯所扮演的「交流」角色，從浴場繼續延伸至此。

一切定案後，我們便開始整理大量推積物、拆掉腐壞地板、打掉土牆，將整棟長屋清空只剩主體結構，然後千里尋人，找尋擁有傳統工法的建築職人，重新製作竹小舞（土牆內部支架）、土牆、木造玄關門、傳統玻璃等，盡可能以日本傳統工法修復整棟長屋。

二〇二二年六月二十五日是這棟「稻荷湯長屋」的重生日，現場聚集了許多錢湯界大人物與愛好者，更吸引不少現任錢湯經營者到場參觀，大家一同舉杯，祝賀「稻荷湯修復再生計畫」完成。稻荷湯長屋現在以週末限定的喫茶、用餐空間為主，現在已擁有不少常客，假日固定來此聚會聊天，算是符合了錢湯宅們的期待（其實計畫原本預計一年完成，

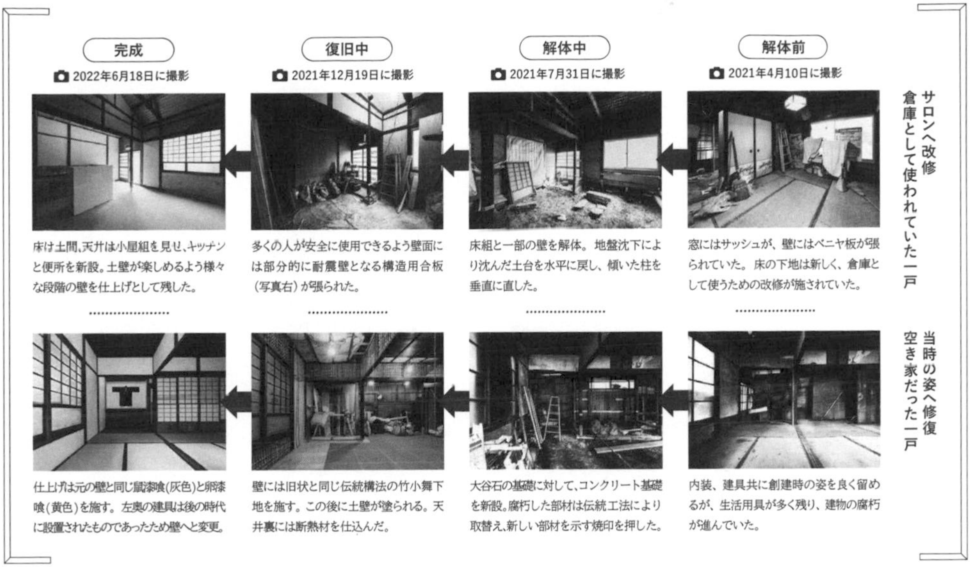
サロンへ改修
倉庫として使われていた一戸
解体前
2021年4月10日に撮影
窓にはサッシュが、壁にはベニヤ板が張られていた。床の下地は新しく、倉庫として使うための改修が施されていた。
解体中
2021年7月31日に撮影
床組と一部の壁を解体。地盤沈下により沈んだ土台を水平に戻し、傾いた柱を垂直に直した。
復旧中
2021年12月19日に撮影
多くの人が安全に使用できるよう壁面には部分的に耐震壁となる構造用合板（写真右）が張られた。
完成
2022年6月18日に撮影
床は土間、天井は小屋組を見せ、キッチンと便所を新設。土壁が楽しめるよう様々な段階の壁を仕上げとして残した。
当時の姿へ修復
空き家だった一戸
内装、建具共に創建時の姿を良く留めるが、生活用具が多く残り、建物の腐朽が進んでいた。
大谷石の基礎に対して、コンクリート基礎を新設。腐朽した部材は伝統工法により取替え、新しい部材を示す焼印を押した。
壁には旧状と同じ伝統構法の竹小舞下地を施す。この後に土壁が塗られる。天井裏には断熱材を仕込んだ。
仕上げは元の壁と同じ鼠漆喰(灰色)と卵漆喰(黄色)を施す。左奥の建具は後の時代に設置されたものであったため壁へと変更。

長屋整修過程。（一般社團法人せんとうとまち提供）

但每一位成員都各自擁有正職，只能在休息時間前往動工，於是進度大幅落後，花了兩年多的時間才完成）。

二〇二二年九月，一般社團法人せんとうとまち更與台灣北投溫泉博物館合作跨國活動「歡迎光臨台灣北投in瀧野川稲荷湯」，在稲荷湯展出台灣北投日常風景插畫、月琴文化等，還有以台灣漢方中藥材製成的「漢方湯」體驗，清香溫潤的藥湯，深受泡湯客喜愛。

與北投溫泉博物館的合作，是「稲荷湯長屋」交流活用的第一個代表性活動，之後還會有哪些交流活動，長屋的營業時間會如何安排，錢湯宅好朋友仍在摸索、試驗中，慢慢地讓一切變得更好。

上、中：
耗費一年多時間，「稻荷湯修復再生計畫」終於宣告完成，改造緊臨錢湯的長屋，成為地方新的交流空間。（一般社團法人せんとうとまち，Yuka Ikenoya（YUKAI）攝影）

下：
宣告長屋完成的記者會當天，現場湧入大量人潮，一起舉杯同樂。（一般社團法人せんとうとまち提供，TADA攝影）

在眾多意氣相投的錢湯愛好者支持下，稻荷湯長屋才得以順利再生。

1

2

3

4

5

6

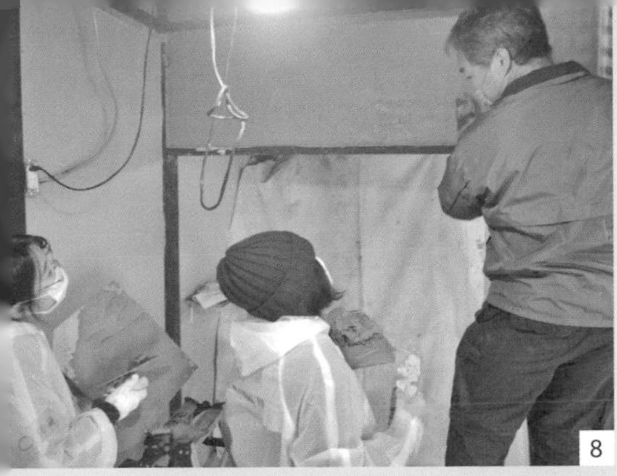
8

7

10

9

1　長屋第一次清理時整理出的大量廢棄物，還包括被閒置已久、附有日本男星阿部寬新筆簽名的《羅馬浴場》人形看板。

2　長屋第一次清理成員，是錢湯老闆與錢湯宅們的組合。

3、4　長屋第一次清理時整理出的大量廢棄物。

5、6　清空後開始拆地板、敲牆壁，除了主要支柱外全部都拆！

7～10　主動來幫忙重做土牆的人們，在專業建築職人的教導帶領下，一鏟一鏟地細細塗牆。

11　可愛的職人阿杯們。

11

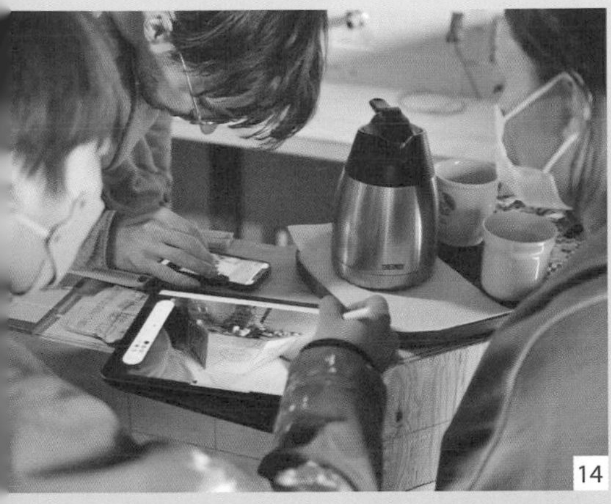

14

13

16

15

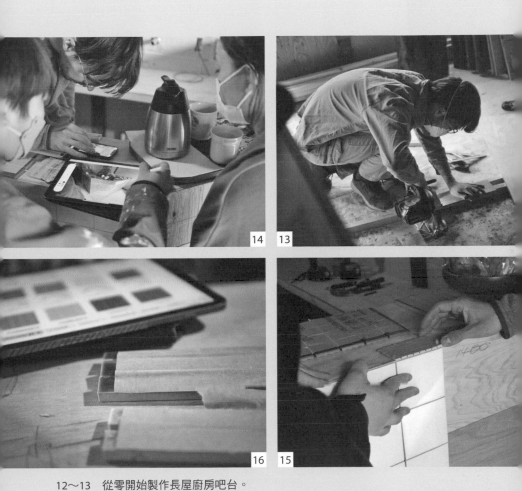

12～13　從零開始製作長屋廚房吧台。

14～16　吧台選擇錢湯氣息強烈的磁磚作裝飾，大家一起討論最適合的顏色與拼法。

# 後記

「錢湯打工仔日記」最初是我在臉書粉絲團「下町貴族」所開的小小連載，藉由記錄自己在錢湯打工的所見所聞，向台灣人介紹這個自己熱愛的日本文化，因為相較於其他日本文化，錢湯相關的中文資訊非常少，就算有，也多是整體文化基本介紹，或單間錢湯特色等，偏向所謂「觀光資訊」，但我更希望讓大家知道的，是業界的酸甜苦辣、經營者們的喜怒哀樂，這些錢湯的真實面貌。

可能因為研究或深入錢湯業界的台灣人不多，很幸運地，「錢湯打工仔日記」一上線就獲得了很不錯的反應，更加速我把錢湯業者們的努力一股腦地向大家傾訴，讓更多人能踏入日本錢湯，親身體驗這個美好事物。

黙浴
にご協力ください
お風呂やサウナ内でのリスクを
みんなで減らしましょう
天然温泉
ゆ
女
women
マッサージ
再開
ほぐし
30分 → 2,300円
45分 → 3,450円
60分 → 4,600円
予約はフロントへ
東京

但很可惜的是，二〇二〇年「錢湯打工仔日記」連載開始沒多久，世界級的疫情出現，各國交流按下暫停鍵，錢湯界也受到了不小影響，一時來客數減少，而後來爆發烏克蘭與俄羅斯戰爭，造成全球能源價格飆漲，比起疫情更加直接衝擊錢湯，於是乎，錢湯一間一間地關、建物一棟一棟地拆，渺小的我無法阻止，只能更加努力地以照片與文字記錄這一切。

我不斷地更新日記，更以身為錢湯打工仔自豪，但在二〇二一下半年，先生換了新工作，我們必須搬家到日本本島最北端的青森，這也代表我必須辭掉在錢湯的打工。

自從我在錢湯打工後，我幾乎每一次都會跟好友報告今天的工作狀況，拍照給他看，告訴他這完全就是我理想中的夢幻工作，也因此當先生聯絡我新工作被錄取時，正騎著腳踏車前往東京下町某座錢湯的我，向他傳了句恭喜後踏入錢湯浴室，把鮮少使用的蓮蓬頭打開，在水流下努力地小聲哭泣。

先生求職結果順利我當然高興，但我無法立刻接受要離開錢湯與下町的事實，更心慌：不在錢湯打工了，我還有資格繼續寫錢湯打工仔日記嗎？

這個念頭在我腦海中盤旋了快半年，身旁好友們不是沒有說過我想太多，甚至到後來與出版社敲定出版計畫、動筆書寫後，我還是一直無法過自己這一關，最後責任編輯懷君跟我說：「雖然不在錢湯打工了，但妳只是換了個身分，用曾經是業內工作者的觀察眼光去帶讀者一起看錢湯。」這才讓我突破了心魔。

而就如編輯所說，轉換身分成為觀察者後，我依舊有許多機會深入錢湯，不管是凡事挺我、有問必答的阿梅與小松；一有活動就立刻通知我的錢湯宅好朋友「せんとうとまち」，還是那些花時間去一座座拜訪的錢湯店家，這些過去一一累積的心血現在成為我最堅定與珍貴的資產。來到青森後，我維持著一、兩個月就會前往東京一次、一次約待三到五天的頻率，雖然比起過往花費更多時間與金錢，但每一次得到的回饋卻是無與倫比。

這本書從構思到書寫完成約花了一年多時間，其中有部分是自己的拖延症與心魔作亂，加上想重新拍攝錢湯照片，讓出版時間不斷延後，很感謝出版社與編輯的包容，給予我最大幅度的自由發揮空間，並不時提供建議，安撫我的焦慮不安。

另外特別謝謝鐵男陳威臣，為我引薦了如此尊重作者的出版社，讓我能向更多人分享錢湯；謝謝為我設計封面的設計師好友石蘇一一，我們終於度過無數難關即將迎接成果；最後謝謝先生與好友胖達，謝謝你們在我記錄錢湯旅途上的一路相伴。

錢湯打工仔，今後也會繼續守著錢湯。

二〇二三年四月，寫於東北新幹線上

一乃湯 中森秀治

大黑湯 清水女將

日の出湯 高橋一郎

吹上湯 鈴木隆文

帝國湯 石田勇

若の湯 若井康江

齊藤湯 齊藤勝輝

瀧野川稻荷湯
土本俊司 土本公子夫婦

# 錢湯人物

今はなき銭湯を弔い、今を生きる銭湯を寿ぐ、銭湯のための本を。
為了紀念已消失的錢湯、為了祝賀仍存在的錢湯，為了錢湯而生的書。

——改編自致敬「錢湯山車」的標語

堤柳泉 梅澤重成

湯どんぶり榮湯 梅田清治郎

はすぬま温泉 近藤芳正

はすぬま温泉 前東京都浴場組合理事長
近藤和幸、近藤美枝夫婦

ゆとなみ社 湊三次郎

# 錢湯感謝名單

## 營業中

東京都　堤柳泉
東京都　湯どんぶり榮湯
東京都　瀧野川稲荷湯
東京都　電氣湯
東京都　有馬湯
東京都　富士の湯
東京都　齊藤湯
東京都　帝國湯
東京都　はすぬま溫泉
東京都　吹上湯
東京都　新生湯
東京都　改正湯
京都府　サウナの梅湯
京都府　若の湯
京都府　日の出湯
三重縣　一乃湯

## 已結束營業

東京都　大黑湯
東京都　富士見湯
京都府　錦湯
秋田縣　巴湯
愛知縣　日本鑛泉

釀生活44　PE0196

# 錢湯打工仔日記：
## 一位台灣女子在東京錢湯打工的真實日常

作　　者　下町貴族
責任編輯　尹懷君
圖文排版　楊家齊
圖片提供　下町貴族
內頁插畫　石蘇一一
封面設計　石蘇一一
封面完稿　王嵩賀

出版策劃　釀出版
製作發行　秀威資訊科技股份有限公司
114 台北市內湖區瑞光路76巷65號1樓
電話：+886-2-2796-3638　傳真：+886-2-2796-1377
服務信箱：service@showwe.com.tw
http://www.showwe.com.tw
郵政劃撥　19563868　戶名：秀威資訊科技股份有限公司
展售門市　國家書店【松江門市】
104 台北市中山區松江路209號1樓
電話：+886-2-2518-0207　傳真：+886-2-2518-0778
網路訂購　秀威網路書店：https://store.showwe.tw
國家網路書店：https://www.govbooks.com.tw
法律顧問　毛國樑　律師
總 經 銷　聯合發行股份有限公司
231新北市新店區寶橋路235巷6弄6號4F
電話：+886-2-2917-8022　傳真：+886-2-2915-6275

出版日期　2023年7月　BOD一版
定　　價　450元



讀者回函卡

**Printed in Taiwan**

國家圖書館出版品預行編目

錢湯打工仔日記：一位台灣女子在東京錢湯打工的真實日常 / 下町貴族著. -- 一版. -- 臺北市：釀出版, 2023.07

面；　公分. -- (釀生活；44)

BOD版

ISBN 978-986-445-819-6(平裝)

1. CST: 旅遊　2. CST: 兼職　3. CST: 溫泉　4. CST: 日本

731.9　　112007912